Nicolini · 5 vor Kommunikation, Führung und Zusammenarbeit

Digitale Lernkarten und Online-Version inklusive!

Ob am PC, Tablet oder unterwegs auf Ihrem Smartphone:
Nutzen Sie die Chance, jederzeit und an jedem Ort Ihr Wissen zu verbessern.

Schalten Sie dazu jetzt Ihre **digitalen Lernkarten** von NWB und BRAINYOO frei:

So einfach geht's:

① Zur Nutzung der digitalen Lernkarten im BRAINYOO-System rufen Sie die Seite **www.brainyoo.de** auf.
② Geben Sie rechts oben Ihren **Produkt-Code** ein und folgen Sie dem Anmeldedialog.
③ BRAINYOO-System online oder als Desktop-Version öffnen und los geht's!

Ihr Produkt-Code (digitale Lernkarten):

B27C1-467EB-6D3B9-D903B-2D237

Für die Nutzung auf Ihrem Smartphone oder Tablet benötigen Sie die **BRAINYOO-App**. Installieren Sie diese mithilfe des QR-Codes oder über Ihre App-Plattform.

Schalten Sie sich außerdem die **Online-Version** dieses Buches in der NWB Datenbank frei. So können Sie z. B. Textziffer-Verlinkungen auf den digitalen Lernkarten direkt in die NWB Datenbank folgen.

Und so geht's:

① Rufen Sie die Seite **www.nwb.de/go/online-buch** auf.
② Geben Sie Ihren **Freischaltcode** in Großbuchstaben ein und folgen Sie dem Anmeldedialog.
③ Fertig!

Ihr Freischaltcode (Online-Version):

WQHGPUOAHIFZIQFHTIORN

Nicolini, 5 vor Kommunikation, Führung und Zusammenarbeit

www.nwb.de

NWB Bilanzbuchhalter

5 vor Kommunikation, Führung und Zusammenarbeit

Endspurt zur Bilanzbuchhalterprüfung (VO 2015)

Von
Dr. Hans J. Nicolini

Kein Produkt ist so gut, dass es nicht noch verbessert werden könnte. Ihre Meinung ist uns wichtig! Was gefällt Ihnen gut? Was können wir in Ihren Augen noch verbessern? Bitte verwenden Sie für Ihr Feedback einfach unser Online-Formular auf:

www.nwb.de/go/feedback_bwl

Als kleines Dankeschön verlosen wir unter allen Teilnehmern einmal pro Quartal ein Buchgeschenk.

ISBN 978-3-482-**66621**-6

www.nwb.de

Satz: Griebsch & Rochol Druck GmbH, Hamm

Druck: medienHaus Plump GmbH, Rheinbreitbach

VORWORT

Die Prüfung zum Fortbildungsabschluss „Geprüfter Bilanzbuchhalter/Geprüfte Bilanzbuchhalterin" gehört zu den kaufmännischen Fortbildungsprüfungen mit der längsten Tradition. Gemessen an der Zahl der Prüfungsteilnehmer gehört sie zudem zu den wichtigsten, jedoch auch zu den anspruchsvollsten kaufmännischen Weiterbildungsabschlüssen überhaupt.

Seit Anfang 2016 gilt eine neue „Verordnung über die Prüfung zum anerkannten Fortbildungsabschluss Geprüfter Bilanzbuchhalter und Geprüfte Bilanzbuchhalterin", die noch stärker als bisher die berufliche Handlungsfähigkeit in den Mittelpunkt stellt. In drei Klausuren mit einem Umfang von jeweils 240 Minuten werden die insgesamt sieben Handlungsbereiche der neuen Verordnung schriftlich geprüft. Erst wenn die durchschnittliche Punktzahl aus allen drei Klausuren mindestens die Note „ausreichend" ergibt, kann anschließend eine mündliche Prüfung abgelegt werden, die aus einer Präsentation und einem anschließenden Fachgespräch besteht.

Der vorliegende Titel der „5 vor"-Reihe beschäftigt sich mit dem Handlungsbereich „Kommunikation, Führung und Zusammenarbeit mit internen und externen Partnern sicherstellen" und orientiert sich eng am offiziellen Rahmenplan, greift aber für die schriftliche Prüfung wichtige Themen gesondert auf. Der Prüfungsteilnehmer oder die Prüfungsteilnehmerin soll demzufolge nachweisen, dass er oder sie in der Lage ist, zielorientiert mit Mitarbeitern, Auszubildenden, Geschäftspartnern sowie Kunden zu kommunizieren und zu kooperieren, Methoden der Kommunikation und des Konfliktmanagements situationsgerecht einzusetzen, ethische Grundsätze zu berücksichtigen und Mitarbeiter und Mitarbeiterinnen, Auszubildende und Projektgruppen unter Beachtung der rechtlichen und betrieblichen Rahmenbedingungen und der Unternehmensziele zu führen und zu motivieren*. Die Qualifikationsinhalte dieses Handlungsbereichs werden – zusammen mit anderen Handlungsbereichen – verteilt auf zwei Klausuren abgefragt und können auch Thema des Fachgesprächs in der mündlichen Prüfung sein.

„5 vor Kommunikation, Führung und Zusammenarbeit" kann und will typische Lehrbücher nicht ersetzen. Dieses Buch ist vielmehr als letzte Wissenskontrolle vor der schriftlichen bzw. mündlichen Prüfung gedacht. Die Gliederung weicht dabei bewusst vom offiziellen Rahmenplan ab und erfolgt zielgerichtet nach Themengebieten, wie sie auch in den Klausuren zu erwarten sind. Aus diesem Grund werden einige Themen ausführlicher behandelt, als nach dem Rahmenplan zu erwarten wäre. Zahlreiche Abbildungen und Beispiele verdeutlichen die Zusammenhänge und präsentieren die Thematik so übersichtlich, dass vorhandenes Wissen schnell reaktiviert und vertieft werden kann. Kontrollfragen und Übungsaufgaben unterstützen zusätzlich das Verständnis.

So können Sie das Gelernte zielgerichtet in konkreten beruflichen Situationen anwenden. Denn genau das wird auch in der Bilanzbuchhalterprüfung von Ihnen verlangt.

Autor und Verlag wünschen allen angehenden Bilanzbuchhalterinnen und Bilanzbuchhaltern viel Erfolg für die bevorstehenden Prüfungen!

Köln, im September 2016 Hans J. Nicolini

---

* § 7 Abs. 7 BibuchhFPrV.

INHALTSVERZEICHNIS

Vorwort V
Inhaltsverzeichnis VII
Abkürzungsverzeichnis XIII

I. BESONDERHEITEN IN DER PRÜFUNG 1

II. SITUATIONSGERECHTES KOMMUNIZIEREN 3

1. Kommunikation 3
1.1 Im Team und zwischen Abteilungen 4
1.1.1 Organisation im Unternehmen 4
1.1.2 Motivation der Mitarbeiter 4
1.1.3 Feedbackkultur 5
1.1.4 Kommunikationsverhalten 5
1.1.5 Moderation 6
1.2 Mit externen Partnern 6
1.2.1 Organisation im Unternehmen 6
1.2.2 Mitarbeitermotivation über Handlungsspielräume 7
1.3 Interkulturelle Anforderungen 8
1.3.1 Umgang mit Zeit 8
1.3.2 Verbale und nonverbale Sprachbarrieren 9
1.3.3 Sitten und Gebräuche unterschiedlicher Kulturen 9
1.3.4 Umgang mit unterschiedlichen Kulturstandards im Geschäftsleben 10
1.4 Konfliktsituationen 11
1.4.1 Konfliktarten 11
1.4.2 Konfliktursachen 12
1.4.3 Vermeidung von Konflikten 13
1.4.4 Umgang mit Konflikten 13
1.4.5 Mediation 15
1.5 Stresssituationen 16
1.5.1 Stressursachen 16
1.5.2 Stressvermeidung 17
2. Präsentation 17
2.1 Zielgruppe 17
2.2 Vorbereitung 17
2.2.1 Organisatorische Vorbereitung 18
2.2.2 Inhaltliche Vorbereitung 18
2.2.3 Methodische Vorbereitung 18
2.2.4 Persönliche Vorbereitung 18
2.3 Auftreten 19
2.4 Medien 19
2.4.1 Flipchart 19
2.4.2 Tageslichtprojektor 19
2.4.3 Beamer 20
2.4.4 Pinnwand 20
2.4.5 Weitere Hilfsmittel 20
2.5 Visualisierung 20

Seite

III. PERSONALAUSWAHL 25

1. Aus Unternehmenszielen ableiten 25
   1.1 Personalmarketing 26
   1.2 Personalführung 26
   1.3 Personalbindung 26
   1.4 Fachkräftesicherung 27
2. Personalbedarf im eigenen Aufgabenbereich 27
   2.1 Personalbestandsanalyse 27
   2.2 Personalbedarfsanalyse 27
   2.3 Kennzahlen 29
3. Instrumente der Personalplanung 29
   3.1 Stellenbeschreibung 30
   3.2 Stellenplan 30
   3.3 Stellenbesetzungsplan 30
   3.4 Qualifikationsprofil 31
   3.5 Laufbahnplanung 31
   3.6 Nachfolgeplanung 32
4. Personalbeschaffung 32
   4.1 Interne Personalbeschaffung 33
   4.2 Externe Personalbeschaffung 33
5. Personalauswahl 34
   5.1 Bewerberanalyse 34
      5.1.1 Bewerbungsunterlagen 34
      5.1.2 Bewerbergespräch 34
   5.2 Instrumente der Personalauswahl 36
      5.2.1 Einstellungstest 36
      5.2.2 Fragebogen 37
      5.2.3 Assessment-Center 37
   5.3 Auswahlentscheidung 38
   5.4 Arbeitsvertrag 38

IV. PLANEN UND STEUERN DES PERSONALEINSATZES 41

1. Operative Personaleinsatzplanung 41
   1.1 Schichtpläne 41
   1.2 Vertretungspläne 42
   1.3 Schutzgesetze 42
      1.3.1 Arbeitsschutzgesetz 42
      1.3.2 Jugendarbeitsschutzgesetz 42
      1.3.3 Mutterschutzgesetz 43
      1.3.4 Schwerbehindertengesetz 43
      1.3.5 Arbeitszeitgesetz 43
      1.3.6 Bundesurlaubsgesetz 43
   1.4 Tarifrechtliche Vorschriften 43

Seite

2. Personalbetreuung und -verwaltung 44
   2.1 Personalinformationssysteme 44
   2.2 Berichtssysteme 44
   2.3 Datenschutz 45
   2.4 Mitbestimmungsrechte 46

V. SITUATIONSGERECHTE FÜHRUNGSMETHODEN 49

1. Führungsstile 50
   1.1 Eindimensionale Führungsstile 51
      1.1.1 Entscheidungsspielräume 51
      1.1.2 Unterschiedliche Menschenbilder 51
   1.2 Mehrdimensionale Führungsstile 52
      1.2.1 Managerial Grid 52
      1.2.2 Reifegradmodell 52
2. Führungsverhalten analysieren 53
   2.1 Führungssituation 53
      2.1.1 Gefährdungssituationen 53
      2.1.2 Förderbedarf 54
   2.2 Führen von Gruppen 54
      2.2.1 Gruppenverhalten 55
      2.2.2 Gruppenstruktur 56
3. Führungsaufgaben, -techniken und -instrumente 57
   3.1 Führungsaufgaben 57
   3.2 Führungstechniken 57
      3.2.1 Management by Objectives 57
      3.2.2 Management by Exception 59
      3.2.3 Management by Delegation 59
      3.2.4 Management by Systems 59
   3.3 Führungsinstrumente 59
      3.3.1 Mitarbeitergespräch 60
         3.3.1.1 Vorbereitung 60
         3.3.1.2 Durchführung 61
         3.3.1.3 Anlässe 61
      3.3.2 Formen des Mitarbeitergesprächs 61
      3.3.3 Motivationsförderung 62
         3.3.3.1 Bedürfnistheorien 63
         3.3.3.2 Erwartungstheorie 64
         3.3.3.3 Zielsetzungstheorie 64
         3.3.3.4 Reaktionstheorie 64
         3.3.3.5 Gleichheitstheorie 65
      3.3.4 Mitarbeiterumfrage 65
         3.3.4.1 Interview 66
         3.3.4.2 Fragebogen 66
      3.3.5 Coaching 66
      3.3.6 Weiterbildung 67

Seite

VI. PLANEN UND DURCHFÜHREN DER BERUFSAUSBILDUNG 69

1. Gesetzliche Vorschriften 69
   1.1. Berufsbildungsgesetz 69
   1.2 Ausbildungsordnungen 69
   1.3 Ausbildereignungsverordnung 69
   1.4 Schutzgesetze 70
2. Beteiligte und Mitwirkende an der Ausbildung 70
   2.1 Ausbildender 71
   2.2 Ausbilder 71
   2.3 Ausbildungsbeauftragter 71
   2.4 Ausbildungsbetrieb 71
   2.5 Kooperationen 72
3. Betriebliche Ausbildungsabläufe 72
   3.1 Zeitliche Gliederung 72
   3.2 Sachliche Gliederung 73
4. Ausbildung 73
   4.1 Ausbildungsmethoden 73
   4.2 Berichtsheft 74
   4.3 Prüfungsvorbereitung und -teilnahme 75
      4.3.1 Anmeldung 75
      4.3.2 Freistellung 75
   4.4 Abschluss oder Verlängerung der Ausbildung 75

VII. FORT- UND WEITERBILDUNG 77

1. Personalentwicklungsplanung 77
   1.1 Beurteilung 78
   1.2 Anforderungsprofil 79
   1.3 Potenzialanalysen 79
   1.4 Kompetenzportfolio 82
2. Personelle und betriebliche Maßnahmen 82
   2.1 Arbeitsplatzbegleitende Maßnahmen 82
   2.2 Interne und externe Weiterbildungsmaßnahmen 83
   2.3 Förderprogramme 84
      2.3.1 Einzelmaßnahmen 84
      2.3.2 Umschulung 85
      2.3.3 Multiple Führung 85
3. Erfolgskontrolle und Anpassung 85
   3.1 Qualität von Bildungsmaßnahmen 86
   3.2 Bewertung durch Teilnehmer 86
   3.3 Benchmarking 87
   3.4 Kontrollgruppen 88
   3.5 Hospitation 88
   3.6 Kennzahlen 89

Seite

VIII. GESTALTEN DES ARBEITS- UND GESUNDHEITSSCHUTZES **91**

1. Arbeitsschutz im Betrieb 91
   1.1 Gefährdungsanalyse 91
   1.2 Zuständigkeiten 92
      1.2.1 Betriebsärzte 92
      1.2.2 Fachkraft für Arbeitssicherheit 92
      1.2.3 Sicherheitsbeauftragte 92
      1.2.4 Arbeitsschutzausschuss 92
   1.3 Arbeitszeitregelungen 93
2. Gesundheitsschutz im Betrieb 94
   2.1 Verhältnis- und Verhaltensprävention 94
   2.2 Betriebliches Gesundheitsmanagement 94
   2.3 Zusammenarbeit mit Krankenkassen und Berufsgenossenschaften 95
      2.3.1 Krankenkassen 95
      2.3.2 Berufsgenossenschaften 95
3. Unterweisungen und Dokumentation 96

IX. ÜBUNGSAUFGABEN **99**

Stichwortverzeichnis **107**

ABKÜRZUNGSVERZEICHNIS

A

ABB.	Abbildung
Abs.	Absatz
AEVO	Ausbildereignungsverordnung
AG	Aktiengesellschaft
AGG	Allgemeines Gleichbehandlungsgesetz
ArbSchG	Arbeitsschutzgesetz
ArbZG	Arbeitszeitgesetz
ASiG	Arbeitssicherheitsgesetz

B

BBiG	Berufsbildungsgesetz
Bd.	Band
BDSG	Bundesdatenschutzgesetz
BEEG	Bundeselterngeld- und Elternzeitgesetz
BetrVG	Betriebsverfassungsgesetz
BGB	Bürgerliches Gesetzbuch
BiBu	Bilanzbuchhalter
BibuchhFPrV	Bilanzbuchhalterprüfungsverordnung
BildscharbV	Bildschirmarbeitsverordnung
BUrlG	Bundesurlaubsgesetz
bzw.	beziehungsweise

C

ca.	circa
cm	Zentimeter

D

d. h.	das heißt
DGUV	Deutsche Gesetzliche Unfallversicherung

F

f./ff.	folgend/e
FoBi	Fortbildung

G

GefStoffV	Gefahrstoffverordnung
gem.	gemäß
ggf.	gegebenenfalls
GmbH	Gesellschaft mit beschränkter Haftung

H

hrsg.	herausgegeben
HV	Handlungsvollmacht

I

i. d. R.	in der Regel
IHK	Industrie- und Handelskammer

J

JuSchG	Jugendschutzgesetz

K

KLR	Kosten- und Leistungsrechnung

M

Min.	Minute/n
Mio.	Million/en

N

NachwG	Nachweisgesetz
Nr.	Nummer

O

o. Ä.	oder Ähnliche/s
o. O.	ohne Ort

S

S.	Seite
SGB	Sozialgesetzbuch
SMS	Short Message Service
sog.	so genannte/r/s

T

Tz.	Textziffer
TzBfG	Teilzeit- und Befristungsgesetz

U

u. a.	unter anderem/und andere
u. Ä.	und Ähnliche/s
usw.	und so weiter

V

vgl.	vergleiche

Z

z. B.	zum Beispiel

I. Besonderheiten in der Prüfung

Tz. 1

Die Verantwortung mittlerer Führungskräfte für die Personalführung und -entwicklung wird durch ihre Position als Mittler zwischen der Unternehmensleitung und den Mitarbeitern begründet. Es wird erwartet, dass sie die Kommunikation gestalten, die Mitarbeiter motivieren und den betrieblichen Gesundheitsschutz sicherstellen, um die Leistungsbereitschaft zu fördern. Die Mitarbeiter sollen bezüglich der Unternehmensziele geführt und unter Berücksichtigung individueller Eignung, Kompetenz und Interessen eingesetzt werden.[1]

Tz. 2

doppelte Herausforderung

Der Handlungsbereich „Kommunikation, Führung und Zusammenarbeit" stellt in der Bilanzbuchhalterprüfung eine doppelte Herausforderung dar:

- Die Aufgabenstellungen in den Klausuren verlangen sehr oft keine Berechnungen oder eindeutige Beurteilungen, sondern Erläuterungen, Begründungen und Abwägungen. Es wird also die Kompetenz erwartet, die eigenen Gedanken nachvollziehbar schriftlich zu formulieren.
- Weil die Teilnehmerinnen und Teilnehmer naturgemäß – noch – nicht über eigene Führungspraxis verfügen, können eigene Erfahrungen in die Lösungen nicht einfließen.

Tz. 3

Aufteilung des Handlungsbereichs

Zu diesem Handlungsbereich wird keine eigene Klausur geschrieben. Er wird als einziger aufgeteilt. Ein Teil ist Bestandteil der ersten Klausur, die außerdem die Handlungsbereiche „Geschäftsvorfälle erfassen und nach Rechnungslegungsvorschriften zu Abschlüssen führen" und „Ein internes Kontrollsystem sicherstellen" enthält. Die restlichen Themenfelder werden in der zweiten Klausur zusammen mit den Handlungsbereichen „Jahresabschlüsse aufbereiten und auswerten" und „Finanzmanagement des Unternehmens wahrnehmen, gestalten und kontrollieren" behandelt. Die genaue Aufteilung ist nicht festgelegt.

Aufgabenstellung 1			**Aufgabenstellung 2**			**Aufgabenstellung 3**		
Handlungsbereich		Min.	Handlungsbereich		Min.	Handlungsbereich		Min.
1.	Geschäftsvorfälle erfassen und nach Rechnungslegungsvorschriften zu Abschlüssen führen	180	2.	Jahresabschlüsse aufbereiten und auswerten	120	3.	Betriebliche Sachverhalte steuerlich darstellen	150
6.	Ein internes Kontrollsystem sicherstellen	30	4.	Finanzmanagement des Unternehmens wahrnehmen, gestalten und kontrollieren	90	5.	Kosten- und Leistungsrechnung zielorientiert anwenden	90
7.	*Kommunikation, Führung und Zusammenarbeit mit internen und externen Partnern sicherstellen*	*30*	*7.*	*Kommunikation, Führung und Zusammenarbeit mit internen und externen Partnern sicherstellen*	*30*			
		240			240			240

In beiden Teilen dieses Handlungsbereichs können zusammen ca. 25 Punkte erreicht werden. Das entspricht einer Bearbeitungszeit von insgesamt ca. 60 Minuten.

Die Verteilung der Handlungsbereiche auf die Aufgabenstellungen ist in der Prüfungsverordnung vom 26. 10. 2015 nicht festgelegt.

1 *Kaiser/Brötz u. a.*, Konzept für berufsübergreifende Qualifikationen in kaufmännischen Fortbildungsregelungen, hrsg. vom Bundesinstitut für Berufsbildung, o. O. 2011, S. 18 f.

Weil in der mündlichen Prüfung neben dem Handlungsbereich „Jahresabschlüsse aufbereiten und auswerten“ auch andere Handlungsbereiche einzubeziehen sind, ist es wichtig, dass die Teilnehmer ihr Wissen zum Handlungsbereich „Kommunikation, Führung und Zusammenarbeit mit internen und externen Partnern sicherstellen“ bis zu diesem Zeitpunkt (der mehrere Monate nach der schriftlichen Prüfung liegen kann) präsent halten oder sich wieder aneignen.

II. Situationsgerechtes Kommunizieren

1. Kommunikation

Tz. 4

Kommunikation ist der Austausch von Informationen zwischen einem Produzenten (z. B. Sprecher, Schreiber) und einem Rezipienten (z. B. Hörer, Leser).

Durch sprachliche und nichtsprachliche Signale werden Wissen, Erkenntnis oder Erfahrungen übertragen. Dabei werden auch technische Einrichtungen benutzt.

Erfolgsorientierte Kommunikation will zu einem bestimmten Verhalten, Denken oder Handeln veranlassen. Ihre Ziele reichen von der Koordination über die Vermittlung relevanter Informationen bis zur Förderung von Engagement und Leistungsbereitschaft.

Tz. 5

Kommunikationssituationen

Typische Kommunikationssituationen in Unternehmen sind:

Besprechung	Geleitete Aussprache, um zu gemeinsamen Schlüssen und Ergebnissen zu kommen.
Präsentation	Visuelle Vorstellung von Ideen oder Ergebnissen zu einem bestimmten Thema.
Konfliktgespräch	Austausch von Informationen und Argumenten zu einem strittigen Thema.
Diskussion	Meinungs- und Gedankenaustausch, um gemeinsam mit anderen zu neuen Lösungsansätzen zu kommen.
Beratung	Entwicklung von Lösungen mithilfe eines Experten.
Unterhaltung	Spontane und informellen Gespräche.

Kommunikation ist die Übertragung von verbalen und nonverbalen Reizen von einem Sender zu einem Empfänger.

Tz. 6

Aspekte der Kommunikation

Vier Aspekte haben Einfluss auf die Verständigung:[2]

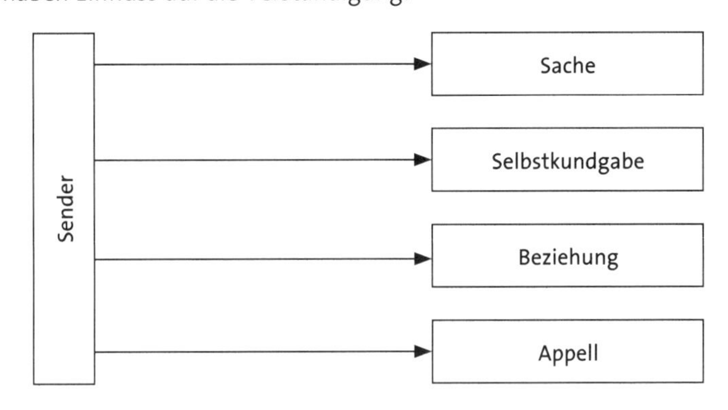

Aspekt	Inhalt	Fragestellung	Beispiel
Sachebene	Im Vordergrund stehen Daten und Fakten. Die Informationen müssen klar und verständlich sein.	Was ist wahr, was ist wichtig?	Die Buchung ist falsch.
Selbstkundgabe	Die Nachricht enthält Hinweise auf die Einstellung zu den Sachaspekten.	Was geht in mir vor? Wie ist die Stimmung?	Ich bin sauer!
Beziehungs-hinweis	Formulierung, Tonfall, Mimik und Körpersprache drücken Wertschätzung, Wohlwollen oder Gleichgültigkeit aus.	Wie fühle ich mich behandelt?	Meine Situation ist Ihnen egal.
Appellseite	Die Nachricht enthält Wünsche, Ratschläge und Anweisungen.	Was soll ich machen?	Passen Sie gefälligst besser auf!

2 *Schulz von Thun*, Miteinander reden, Bd. 1–3, Hamburg 2011.

Das gesprochene Wort wird als verbale Kommunikation bezeichnet, nonverbale Kommunikation findet statt durch Gestik, Mimik, Körperhaltung und andere Zeichen.

1.1 Im Team und zwischen Abteilungen

1.1.1 Organisation im Unternehmen

Tz. 7

In Unternehmen soll eine zielgerichtete Kommunikation zu einem bestimmten Verhalten, Denken oder Handeln veranlassen. Die Kommunikationswege werden mit der Festlegung der Weisungs- und Berichtsstränge durch die Aufbauorganisation festgelegt. Daneben existieren aber vielfältige informelle Gelegenheiten, bei denen Informationen ausgetauscht werden.

Tz. 8

vertikale und horizontale Kommunikation

In Organisationen wird zwischen vertikaler und horizontaler Kommunikation unterschieden:

- Die **vertikale** Kommunikation findet zwischen den Hierarchieebenen statt, z. B. zwischen Vorgesetzten und Mitarbeitern.
- Die **horizontale** Kommunikation findet auf einer Hierarchieebene statt, z. B. zwischen Kollegen und in Arbeitsgruppen.

ABB. 1: Vertikale und horizontale Kommunikation

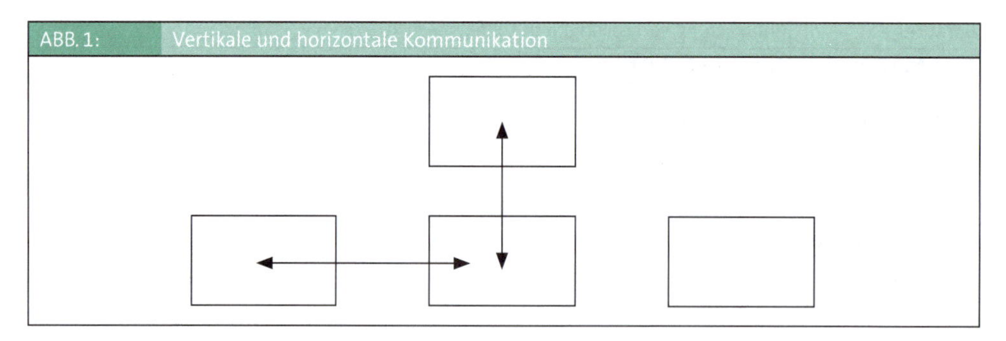

1.1.2 Motivation der Mitarbeiter

Tz. 9

Neben der Vermittlung relevanter Informationen werden durch gezielte Kommunikation auch Engagement und Leistungsbereitschaft gefördert.

Die soziale Einflussnahme auf die Entscheidung zwischen verschiedenen Handlungsalternativen wird als **Motivation** bezeichnet.

In Organisationen ist Motivation die Begründung für ein an den Unternehmenszielen orientiertes Handeln. **Anreize** für das Verhalten der Mitarbeiter können in einer Handlung selbst (Primärmotivation) oder in der Belohnung eines bestimmten Ergebnisses (Sekundärmotivation) bestehen.

Tz. 10

intrinsische Motivation

- **Intrinsische Motivation** ergibt sich aus den Grundbedürfnissen des Menschen sowie Interesse und Freude an einer Tätigkeit. Handeln und Auffassung stimmen überein. Externe Anstöße wie Belohnungen, Bestrafungen, Versprechen oder Drohungen sind nicht notwendig. Der Mitarbeiter identifiziert sich mit der Aufgabe und erlebt sich dabei als selbstbestimmt.

Neugier, Spontaneität, politisches Gestaltungsinteresse

Tz. 11

- **Extrinsische Motivation** entsteht durch ein Handlungsergebnis, insbesondere durch positive Bekräftigungen. Sie tritt i. d. R. nicht spontan auf und führt zu gezielten Handlungen, um Lob und Anerkennung zu erreichen bzw. Kritik und Sanktionen zu vermeiden.

extrinsische Motivation

Noten, Beurteilungen, Gehaltserhöhungen

1.1.3 Feedbackkultur

Tz. 12

Gezielte Rückmeldungen zum Verhalten helfen, im Unternehmen die Kommunikation zu verbessern, weil dadurch Missverständnisse in der Zusammenarbeit vermieden werden können. Arbeitsklima und Leistungsfähigkeit werden verbessert.

Feedback

Feedback ist die Rückmeldung durch den Empfänger einer Nachricht an den Sender dieser Nachricht.

Eine Feedbackkultur darf dabei nicht nur zwischen zwei Personen entstehen, erforderlich sind auch Rückmeldungen aus den jeweiligen relevanten Gruppen. Dazu sollen zeitnah sowohl die Dinge angesprochen werden, die zu Konflikten geführt haben oder führen können, als auch diejenigen, die als zufriedenstellend erlebt werden.

Tz. 13

In Unternehmen entwickeln sich typische Feedbackkulturen, wenn sich die Beteiligten vertrauen können und akzeptieren. Als Instrumente können genutzt werden:

Instrumente

- regelmäßige Mitarbeitergespräche,
- Umfragen bei den Mitarbeitern,
- Beurteilung von Führungskräften,
- Coaching,
- das Open-Door-Prinzip, bei dem Mitarbeiter jederzeit ihre Vorgesetzten sprechen können.

1.1.4 Kommunikationsverhalten

Tz. 14

Durch das eigene Kommunikationsverhalten werden bei den Gesprächspartnern – keineswegs immer bewusst und absichtlich – gewollte und ungewollte Reaktionen hervorgerufen. Weil dabei Verhalten und Einstellungen deutlich werden, kann und soll Kommunikation gelernt werden. Ihre Wirkung hängt dabei nicht allein, aber doch wesentlich vom Verhältnis der Gesprächspartner zueinander ab.

Kommunikationsverhalten

Tz. 15

Die Übersicht zeigt wichtige Elemente, durch die das Kommunikationsverhalten beeinflusst wird:

Einflüsse auf das Kommunikationsverhalten

Elemente	Beispiele	Erläuterung
Wortwahl	„Ich will Sie nicht überreden, …“	Bringt Emotionen oder Sachlichkeit zum Ausdruck
	Einfachheit	Nimmt Partner ernst, keine Überheblichkeit
	Ungewöhnliche Fremdwörter	Sollen Überlegenheit zeigen
Füllwörter	„also“, „hm“, „… und so etwas …“	Überbrückt peinliche Stille
Modewörter	„krass“, „cool“ usw.	Scheinbar jugendliche Anbiederung
Betonung	Große Lautstärke	Soll Aussagen unterstützen
Tempo		Täuscht eigene Wichtigkeit vor
Man-Aussagen	„Das weiß man doch!“	Keine eigene Meinung, trotzdem Anspruch auf Wahrheit
Ich-Botschaften	„Ich wünsche mir …“	Zeigt Interesse ohne Anklage, Authentizität
Verdeckte Appelle	„Ich an Ihrer Stelle …“	Manipulation

Durch neue Techniken (Smartphones, SMS, E-Mails) hat sich das Kommunikationsverhalten nachhaltig verändert. Fast drei Viertel aller Internetnutzer kommunizieren regelmäßig online. Das führt verstärkt zu einer asynchronen Kommunikation, bei der die Gesprächspartner entweder nicht gleichzeitig oder an verschiedenen Orten agieren. Trotz allem bleibt aber das Gespräch weiterhin die bevorzugte Kommunikationsform.

1.1.5 Moderation

Tz. 16

Die Moderation dient der Themenbearbeitung und Problemlösung in Gruppen, um die angestrebten Ziele möglichst optimal erreichen zu können. Sie stellt die Balance her zwischen den Bedürfnissen der Teilnehmenden, den Gruppenbedürfnissen und den inhaltlichen Zielen und trägt dadurch entscheidend zur Arbeitsfähigkeit eines Teams bei.

Moderator

Durch eine Moderation werden Besprechungen in Projektteams, Diskussionen, Workshops usw. strukturiert und visualisiert. Unter der Leitung eines Moderators, der selbst nur steuert und keinen inhaltlichen Einfluss nimmt, soll die Meinungs- und Willensbildung ermöglicht bzw. erleichtert werden.

Ein Moderator ist ein methodischer Helfer, der inhaltlich keinen Einfluss nimmt. Er ist kein Experte für Inhalte, sondern stellt Methoden und Techniken zur Verfügung, damit in Arbeitsgruppen effektiv und zielgerichtet gearbeitet werden kann.

Tz. 17

Moderationszyklus

Die Moderation folgt immer einem bestimmten „Fahrplan", dem Moderationszyklus. Je nach Ziel- und Zusammensetzung der Gruppe können die einzelnen Moderationsabschnitte dabei unterschiedlich ablaufen, die Vorgehensweise ist aber immer dieselbe.

1.	Einstieg	Eröffnung Klärung des Ablaufs
2.	Themen sammeln	Festlegung der Fragestellungen Sammlung von Themen, Ideen und anderen Beiträgen
3.	Thema auswählen	Festlegung der Reihenfolge der zu bearbeitenden Themen Anlegen eines Themenspeichers
4.	Thema bearbeiten	Inhaltliche Bearbeitung der ausgewählten Themen
5.	Maßnahmen planen	Festlegung von konkreten Maßnahmen zur Umsetzung der Lösungsvorschläge Ein Maßnahmenplan regelt die erforderlichen Schritte und die Verantwortlichkeiten
6.	Abschluss	Reflexion und Zusammenfassung

1.2 Mit externen Partnern

Tz. 18

wechselseitige Information und Kommunikation

Die effektive Zusammenarbeit mit externen Partnern hat sich zu einem wesentlichen Faktor für den Unternehmenserfolg entwickelt. Ihre Aufgabe besteht in der ausgewogenen Steuerung der angemessenen Kommunikation mit Kunden, Lieferanten, Eigentümern, Presse, Meinungsbildnern u. a. in der Branche und am Standort. Diese wechselseitige Information und Kommunikation muss kontinuierlich gepflegt werden.

1.2.1 Organisation im Unternehmen

Tz. 19

Die Bedeutung der Kommunikation mit externen Partnern erfordert eine angemessene Einbindung in die Aufbauorganisation und die Optimierung der internen Abläufe. Je nach Aufgabenstellung sind unterschiedliche Maßnahmen erforderlich, z. B.:

Tz. 20

- **Investors Relations:** Die Kontaktpflege zu Aktionären, Investoren, Analysten und der Fachöffentlichkeit soll das zunehmende Bedürfnis der aktuellen oder potenziellen Aktionäre nach Informationen erfüllen. Diese Aufgabe wird i. d. R. von der eigenen IR-Abteilung oder von einer spezialisierten Agentur übernommen.

Investors Relations

ABB. 2: Beispiel für „Investor Relations"

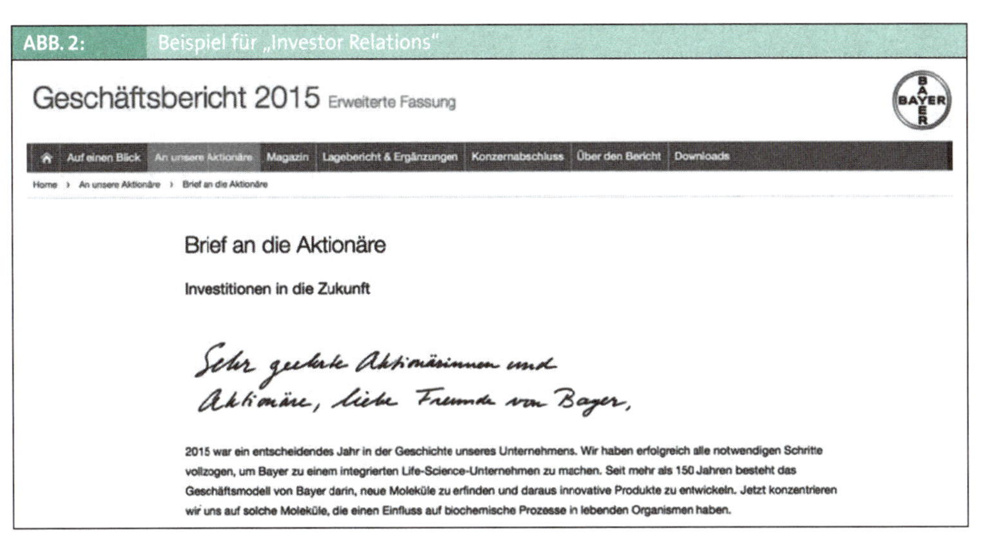

Tz. 21

- **Reklamationsmanagement:** Der planvolle Umgang mit den Reklamationen von Kunden hat das Ziel, trotz negativer Erfahrungen die Kundenzufriedenheit zu erhalten. Voraussetzung sind eine offene Fehlerkultur und kundenorientierte Reaktionen.

Reklamationsmanagement

Tz. 22

- **Beschwerdemanagement:** Das Beschwerdemanagement soll bei unzufriedenen Kunden die Zufriedenheit wiederherstellen. Es dient der Stabilisierung der Kundenbeziehungen und der Qualitätssicherung. Die für den dauerhaften Markterfolg notwendigen Bestandskunden sollen gehalten und gleichzeitig ein möglicher Imageschaden vermieden werden.

Beschwerdemanagement

Tz. 23

- **Lieferantenmanagement:** Durch die systematische und umfassende Pflege der Lieferantenbeziehungen sollen niedrige Beschaffungskosten, hohe Beschaffungseffizienz und eine langfristige Liefersicherheit erreicht werden.

Lieferantenmanagement

1.2.2 Mitarbeitermotivation über Handlungsspielräume

Tz. 24

Um die externe Kommunikation effektiv gestalten zu können, müssen sich die betroffenen Mitarbeiter angemessen verhalten können. Wenn sie die Beziehungen zu Lieferanten, Kunden und anderen Stakeholdern im Interesse aller Beteiligten gestalten sollen, müssen ihnen dazu die notwendigen Entscheidungskompetenzen eingeräumt werden. Definierte Handlungsspielräume ermöglichen eine selbstständige Arbeit und die Übernahme von Verantwortung.

definierte Handlungsspielräume

Die dadurch erlebte Wertschätzung steigert die Zufriedenheit, die Motivation und die Leistungsbereitschaft. Eingeschränkte Handlungsspielräume signalisieren dagegen nach außen eine begrenzte Zuständigkeit. Die intrinsische Motivation, die durch verantwortungsvolle Tätigkeiten, persönliche Entwicklungsmöglichkeiten und die Identifikation mit einem erstrebenswerten Ziel gefördert wird, nimmt dann ab.

Die Handlungsspielräume werden von der Unternehmenspolitik bestimmt und ergeben sich aus dem Leitbild. Sie sollen einerseits groß genug sein, um adäquat auf externe Anforderungen reagieren zu können, andererseits dürfen sie die Mitarbeiter nicht überfordern.

1.3 Interkulturelle Anforderungen

Tz. 25

interkulturelle Kommunikation

Sichere und erfolgreiche Kommunikation findet nur statt, wenn beide Gesprächspartner das Mitgeteilte in gleicher Weise verstehen. Weil das aber immer auch vom sozialen und kulturellen Umfeld abhängt, ist bei Kontakten zu Partnern aus anderen Kulturkreisen Einfühlungsvermögen bei Äußerungen und Verhaltensweisen erforderlich. Unterschiedliche Ansichten von Personen mit unterschiedlichem kulturellen Hintergrund müssen nachempfunden und eigene Werte und Normen relativiert werden. Toleranz ist dazu nicht ausreichend, es muss eine gemeinsame Perspektive angestrebt werden.

Bei kulturellen Differenzen ist nicht sichergestellt, dass der Informationsaustausch widerspruchsfrei ist. Die Wahrscheinlichkeit von Missverständnissen steigt, je größer die Unterschiede zwischen wahrgenommenem und erwartetem Verhalten sind. Entsprechend sinken Zufriedenheit, Motivation und Leistungsbereitschaft.

Der Austausch von Ideen, Bedeutungen und Gefühlen durch gesprochene oder geschriebene Sprache oder Gestik und Mimik zwischen Personen mit unterschiedlichem kulturellen Hintergrund wird als „interkulturelle Kommunikation“ bezeichnet.

Tz. 26

Kommunikationsformen

Die **Kommunikationsformen** sind bei interkulturellem Austausch von besonderer Bedeutung, weil sie in verschiedenen Kulturkreisen unterschiedliche Auswirkungen haben. Bei Unkenntnis von divergierenden Bedeutungszuschreibungen und Interpretationen kann ein interkultureller Kommunikationsprozess nicht stattfinden. Durch Fehlinterpretationen entstehen Störungen und Missverständnisse.

Typische Verhaltensweisen und Normen werden als Stereotype bezeichnet. Sie ermöglichen, unbekannte Situationen schnell zu interpretieren, begrenzen aber auch die Wahrnehmung.

Ebenen interkultureller Kommunikation

Tz. 27

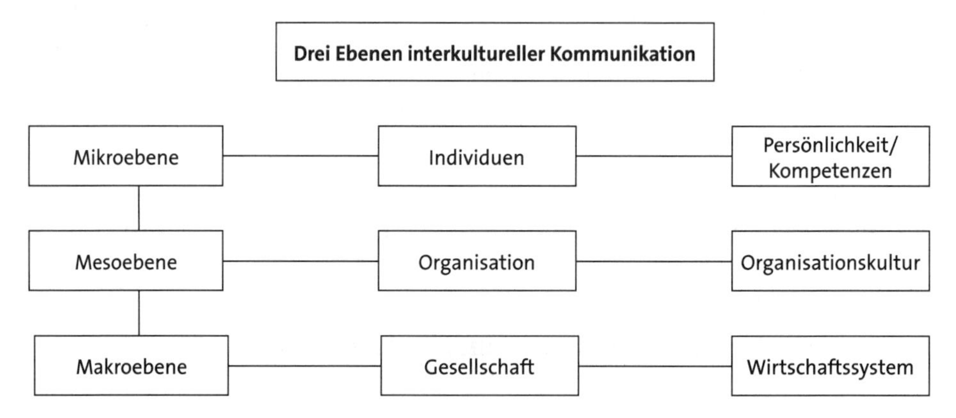

1.3.1 Umgang mit Zeit

Tz. 28

Die unterschiedliche Art, wie mit Zeit umgegangen wird, kann bei der Kommunikation zwischen Angehörigen unterschiedlicher Kulturkreise zu erheblichen Irritationen führen.

flexible Kulturen

In Kulturen, die entspannt mit Zeit umgehen, werden Termine und andere Zeitvereinbarungen eher als Orientierung angesehen und als flexibel verstanden. Auch kurzfristige und spontane Änderungen werden problemlos akzeptiert. Oft werden dann mehrere Dinge gleichzeitig bearbeitet.

zeitpunktorientierte Kulturen

In eher zeitpunktorientierten Kulturen wird dagegen Wert gelegt auf die Einhaltung vereinbarter Termine. Änderungen gelten als unhöflich und sind erklärungsbedürftig. Aufgaben werden daher planmäßig abgearbeitet.

Die Kommunikation zwischen verschiedenen Zeitzonen – und damit auch oft zwischen verschiedenen Kulturkreisen – stellt nur scheinbar eine rein organisatorische Herausforderung dar. Tatsächlich ergeben sich durch die Verbreitung des Internets und anderer schneller und zuverlässiger Kommunikationsmöglichkeiten auch Chancen durch eine weltweit mögliche Aufgabenverteilung und -bearbeitung.

verschiedene Zeitzonen

1.3.2 Verbale und nonverbale Sprachbarrieren

Tz. 29

Erfolgreiche Kommunikation ist nur möglich, wenn der „Empfänger" die Botschaft so versteht, wie der „Sender" sie gemeint hat. Wenn unterschiedliche Sprachen gesprochen werden, ergeben sich bei der Übertragung fast unvermeidlich semantische Probleme.

Sprachbarrieren

Tz. 30

Darüber hinaus wird die Verständigung durch kulturelle Unterschiede, Sitten, Gebräuche und unterschiedliche Wahrnehmungsmuster beeinflusst, z. B.:

Wahrnehmungsmuster

- **Gesprächsbeginn:** Wer das Gespräch beginnt und ob Rituale (z. B. Small Talk, Drink) vorgeschaltet werden, ist stark kulturabhängig.
- **Gesprächsverlauf:** Ob man die Gesprächspartner ausreden lässt oder ihnen ins Wort fallen kann, wird unterschiedlich empfunden.
- **Kritik:** Während es vielfach üblich ist, Konflikte zu thematisieren, wird das z. B. im arabischen Raum und in Asien vermieden, um den Gesprächspartner vor einem Gesichtsverlust zu bewahren.
- **Kontext:** Bei niedriger Kontextkultur sind der Gesprächsort, die Position des Gesprächspartners und der Gesprächsanlass unerheblich. Eine hohe Kontextkultur ist dadurch gekennzeichnet, dass Gespräche allgemein (Small Talk) beginnen und erst dann über geschäftliche Themen gesprochen wird, wenn sich die Partner für loyal und zuverlässig halten.
- **Paraverbale Kommunikation:** Die Sprechweise beeinflusst durch Artikulation, Lautstärke, Tempo und Pausen die Bedeutung und den Inhalt von Botschaften.

Voraussetzungen für eine erfolgreiche interkulturelle Kommunikation sind die Kenntnis ihrer Besonderheiten und die Bereitschaft, eigene Verhaltensweisen zu reflektieren und anzupassen.

Wenn die eigenen Wertvorstellungen als überlegen angesehen werden und das gewohnte Verhalten nicht in Frage gestellt wird, sind Spannungen fast unvermeidlich. Die daraus resultierenden Missverständnisse führen zu Unsicherheiten, Irritationen und oft auch zu unbeabsichtigten Beleidigungen, eine erfolgreiche Kommunikation ist dann nicht mehr möglich.

1.3.3 Sitten und Gebräuche unterschiedlicher Kulturen

Tz. 31

Sitten sind Verhaltensweisen, die in einem Kulturkreis gesellschaftlich gefordert und erwartet werden. Gebräuche sind dagegen Gewohnheiten von Einzelnen oder sozialen Gruppen.

Sitten und Gebräuche

- **Gestik:** Bestimmte Bewegungen können unterschiedliche Bedeutungen haben. Zustimmung wird z. B. meistens durch Kopfnicken ausgedrückt, in manchen Kulturen aber auch durch Kopfschütteln.

In Asien ist es ein grober Verstoß gegen die guten Sitten, mit ausgestrecktem Zeigefinger auf Personen zu zeigen.

- **Abstand:** Dieselbe körperliche Nähe wird in einigen Kulturkreisen als Distanzierung, in anderen als aufdringlich empfunden.
- **Augenkontakt:** In vielen Kulturen ist es selbstverständlich, dem Partner in die Augen zu sehen, in manchen Ländern gilt das als dreist.

- **Berührung:** Umarmungen und andere Bekundungen von Zuneigung gelten in manchen Ländern als unschicklich und bringen Außenstehende in Verlegenheit.

Die Begrüßung mit einem Händedruck ist vielfach selbstverständlich, gilt aber in anderen Ländern bereits als Übergriff.

- **Alkohol:** Während in manchen Kulturen der Genuss von alkoholischen Getränken ein Zeichen von Gastfreundschaft ist, muss er in anderen – zumindest in der Öffentlichkeit – vermieden werden.
- **Kleidung:** Besonders von Frauen wird in einigen Kulturkreisen Zurückhaltung erwartet.

Zu viel Haut in der Öffentlichkeit gilt in manchen Kulturkreisen als Zeichen von mangelndem Anstand.

1.3.4 Umgang mit unterschiedlichen Kulturstandards im Geschäftsleben

Tz. 32

kulturelle Dimensionen

Die Schwierigkeiten bei der interkulturellen Kommunikation beruhen weitgehend auf anderen Gewichtungen und der Akzeptanz der **kulturellen Dimensionen**:

Tz. 33

Machtdistanz

- **Machtdistanz** beschreibt, in welchem Ausmaß Entscheidungen delegiert werden und Betroffene Mitsprachemöglichkeiten erwarten. In Kulturen mit großer Machtdistanz sind Organisationen stark hierarchisch und bürokratisch geprägt.

Geringe Machtdistanz	↔	Hohe Machtdistanz
Deutschland, Niederlande	USA	Frankreich, China

Tz. 34

Gruppenorientierung

- **Gruppenorientierung** beschreibt die starke Orientierung, die in kollektivistischen Kulturkreisen durch die Zugehörigkeit zu einer Gruppe besteht, z. B. der Familie, einem Unternehmen oder einer ethnischen Gruppe. Die Loyalität zur Gruppe ist hoch, durch starke moralische Beziehungen entstehen gegenseitige Verpflichtungen. In individualistisch orientierten Kulturen streben die Mitglieder dagegen ihre eigene Selbstentfaltung an. Statussymbole und Hierarchieunterschiede werden hervorgehoben, individuelle Laufbahnen, Selbstständigkeit und Eigeninitiative spielen eine stärkere Rolle **(Statusorientierung)**. Das Berufsleben wird dem Privatleben übergeordnet.

Individualismus	↔	Kollektivismus
USA, Großbritannien, Schweden	Frankreich, Norwegen, Deutschland, Finnland	Japan, Mexiko, Thailand, Indonesien

Tz. 35

Maskulinität

- **Maskulinität** zeigt, in welchem Ausmaß von Männern und Frauen unterschiedliche Rollenmuster gelebt werden. In femininen Kulturen wird keine Rollenteilung angestrebt.

Maskulinität	↔	Feminität
USA, Deutschland	Frankreich, China	Niederlande

Tz. 36

Unsicherheitsvermeidung

- **Unsicherheitsvermeidung** zeigt, welche Regelungsdichte zur Vermeidung von Unsicherheitsgefühlen angestrebt wird. In Kulturen mit wenig Unsicherheitsvermeidung wird weniger geplant und strukturiert, dafür wird mehr auf Eigeninitiative gesetzt.

Geringe Unsicherheitsvermeidung	↔	Hohe Unsicherheitsvermeidung
China	USA, Deutschland	Frankreich

Tz. 37

- **Langzeitorientierung** beschreibt das Ausmaß der langfristigen Planung in einer Gesellschaft. Hohe Langzeitorientierung führt zu einem sparsameren Umgang mit Ressourcen und zu einer größeren Beharrlichkeit bei der Verfolgung von Zielen.

Langzeitorientierung

1.4 Konfliktsituationen

Tz. 38

Bei einem Konflikt stoßen zu einem bestimmten Zeitpunkt mindestens zwei verschiedene Interessen, Ziele, Ansichten, Gefühle oder Wahrnehmungen aufeinander, die zugleich gegensätzlich und unvereinbar sind.

Konflikte verlaufen in mehreren Phasen, deren Längen sehr unterschiedlich sein können:

Konfliktphasen

- **Latenzphase:** Ein Konflikt ist möglich, die Konfliktparteien haben sich formiert, vermeiden aber – noch – eine Konfrontation.
- **Wahrnehmungsphase:** Der Konflikt wird erkennbar.
- **Emotionalisierungsphase:** Neben die sachliche Auseinandersetzung treten affektive und emotionale Bewertungen.
- **Manifestierungsphase:** Der Konflikt kommt zum Ausbruch.

In Organisationen entsteht bei Konflikten ein **Handlungs- und Lösungsdruck.** Konfliktmanagement verhindert eine weitere Eskalation und eine Ausbreitung eines bestehenden Konflikts.

Konfliktmanagement

1.4.1 Konfliktarten

Tz. 39

Ein Konflikt kann sich auf einzelne Personen beschränken, auf mehrere Personen beziehen oder ganze Organisationssysteme umfassen:

Konfliktarten

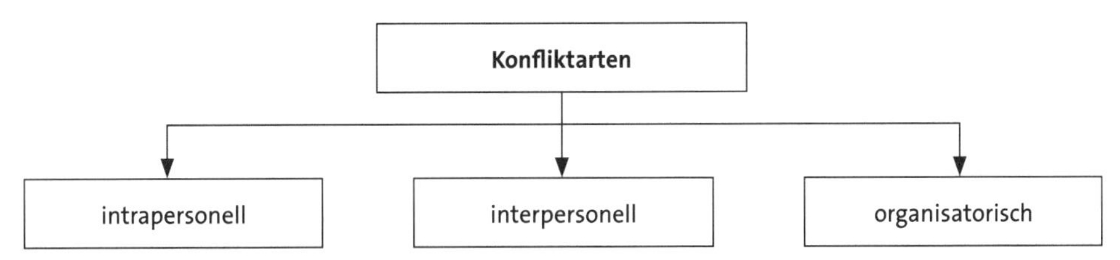

Tz. 40

- Der **intrapersonelle Konflikt** beschreibt gegensätzliche Bestrebungen bei einer Person. Sie hat „zwei Herzen in ihrer Brust".

intrapersonell

Der Arbeitsdirektor möchte Arbeitsplätze erhalten, muss aber als Vorstandsmitglied auch Entlassungen mittragen, um das Unternehmen insgesamt nicht zu gefährden.

Tz. 41

- Beim **interpersonellen Konflikt** liegt der Streitpunkt zwischen verschiedenen Personen oder Gruppen.

interpersonell

Herr A möchte unbedingt im Januar Urlaub haben, sein Vorgesetzter ordnet an, dass er zu dieser Zeit am Jahresabschluss mitarbeiten muss.

Tz. 42

- **Organisatorische Konflikte** ergeben sich aus den Abläufen in einem Unternehmen. Sie können durch Beratung gelöst werden.

organisatorisch

Die Personalabteilung beabsichtigt, aus Kostengründen die Zahl der Mitarbeiter zu reduzieren, der Vertrieb verlangt hingegen mehr Außendienstmitarbeiter, um seine Ziele erreichen zu können.

1.4.2 Konfliktursachen

Tz. 43

Um mit Konflikten konstruktiv umgehen zu können, müssen der Anlass des Konflikts und die Konfliktart bekannt sein. Sie sind allerdings nicht in jedem Fall unabhängig voneinander, sondern können sich gegenseitig bedingen und verstärken.

Tz. 44

Verteilungskonflikt

- Bei einem **Verteilungskonflikt** versuchen die beteiligten Parteien, sich auf Kosten der anderen einen größeren Anteil an begrenzten Ressourcen zu sichern. Die Nichterfüllung des Bedürfnisses wird als persönliche Niederlage erlebt und führt dann zu Frustration und Demotivation.

  Verteilungskonflikte werden typisch durch Eingreifen des Vorgesetzten oder durch „Aufgabe" eines der Beteiligten gelöst.

Der Bilanzbuchhalter B verlangt ein höheres Gehalt, das Unternehmen stimmt dem nicht zu.

Die Controllerin C möchte ihren Zuständigkeitsbereich erweitern, die Kollegen wollen aber keine Kompetenzen abtreten.

Tz. 45

Zielkonflikt

- Ein **Zielkonflikt** entsteht, wenn einzelne Personen oder Gruppen jeweils Ziele verfolgen, die sich widersprechen. Bei gegensätzlichen Interessen der Beteiligten kann der Konflikt nur durch einen Kompromiss beseitigt werden. Wenn Ziele formuliert werden, die unmöglich gleichzeitig erreicht werden können, wird der Konflikt nicht lösbar sein.

Mitarbeiter sollen ganz im Sinne der Unternehmensleitung innovativ und kreativ arbeiten, an den vorgegebenen Abläufen und Strukturen darf aber nichts geändert werden.

Tz. 46

Rollenkonflikt

- Mit der Übernahme einer Rolle werden einerseits Aufgaben und Zuständigkeiten übertragen, andererseits sind damit Erwartungen, Rechte und Pflichten verbunden. Ein **Rollenkonflikt** entsteht, wenn die Anforderungen mit den Kompetenzen nicht übereinstimmen. Wichtige Ausprägungen sind:

  – Ein Mitarbeiter wird in seiner Rolle nicht anerkannt.

Eine Leitungsstelle wird extern besetzt und die Mitarbeiter akzeptieren den neuen Vorgesetzten nicht, weil ihm die Unternehmenskultur fremd ist.

  – Negative Rollenzuschreibung.

Ein Vorgesetzter wird als übertrieben fordernd erlebt. Er wird sich zunächst gegen dieses Image wehren, wächst aber dann schleichend in diese Rolle hinein.

Tz. 47

Wahrnehmungskonflikt

- Bei einem **Wahrnehmungskonflikt** wird ein Sachverhalt durch unterschiedliche Charaktere, Erfahrungen, Kenntnisse, Interessen oder emotionale Verbindungen unterschiedlich beurteilt. Er kann durch offene Kommunikation erkannt und gelöst werden.

Wegen des gestiegenen Umsatzes plant der Produktionsleiter eine Kapazitätsausweitung. Der Leiter des Vertriebs warnt davor, weil er den Markteintritt von Wettbewerbern erwartet.

Tz. 48

Beziehungskonflikt

- Ein **Beziehungskonflikt** ist nicht sachlich zu begründen, seine Ursache liegt in den beteiligten Personen, die sich mehr oder weniger sympathisch sind und Zustimmung oder Ablehnung provozieren. Die Emotionen werden von den Beteiligten oft unterschätzt.

Der neue Abteilungsleiter wird von seinen Mitarbeitern geschnitten, weil ihm der Ruf vorausgeht, ein „harter Hund" zu sein.

Zur Lösung eines Beziehungskonflikts müssen die Parteien bereit sein, ihre negativen Gefühle offen zu legen. Oft spielen Vermeidungsstrategien aus Angst-, Schuld- oder Minderwertigkeitsgefühlen eine bedeutende Rolle.

Wie ein neuer Kollege in eine Arbeitsgruppe integriert werden kann, hängt auch davon ab, ob „die Chemie untereinander stimmt".

Tz. 49

Territorialkonflikt

- Die **Verletzung von tatsächlichem oder ideellem Territorium** wird als Konflikt erlebt.

Ein Mitarbeiter der Verkaufsabteilung „Neuwagen" kümmert sich um den Verkauf von Gebrauchtfahrzeugen, für den ein Kollege zuständig ist.

Die Verletzung des „eigenen" Territoriums wird als Konflikt erlebt und zu einer entsprechenden Reaktion führen. Da kann ein gezielter „Gegenschlag" sein, möglich ist aber auch Resignation.

Tz. 50

Für die Prüfung müssen Sie die Konfliktarten kennen und beschreiben können.

Die Konflikte bzw. Konfliktarten existieren oft nicht unabhängig voneinander, denn selten gibt es nur einen einzigen Grund für einen Konflikt.

Ein Rollenkonflikt ist oft gleichzeitig ein Beziehungskonflikt.

1.4.3 Vermeidung von Konflikten

Tz. 51

Die einfachste und sicherste Maßnahme zum Umgang mit Konflikten ist ihre Vermeidung. Die wichtigste Methode zur Vermeidung oder wenigstens Minimierung von Konflikten ist ein frühzeitiges beratendes Gespräch mit dem Ziel, eine Leistungs- oder Verhaltensänderung zu erreichen.

Tz. 52

Vermeidungsstrategien

Dazu können drei grundsätzliche Strategien angewandt werden:

- Bei der **organisatorischen Strategie** werden vorwegnehmende, zukunftsorientierte koordinierende Maßnahmen getroffen.

Klare Abgrenzung von Aufgabengebieten, Entflechtung von Nutzungsbereichen

- Bei der **persuasiven Strategie** steht der Appell an die Vernunft im Vordergrund.

Information und Aufklärung, Vereinbarungen mit den Betroffenen

- Bei der **Normenstrategie** werden verbindliche Regelungen getroffen.

Verbote und Gebote

1.4.4 Umgang mit Konflikten

Tz. 53

Strategien der Konfliktbewältigung

Wenn die Entstehung von Konflikten nicht vermieden werden konnte, können von den Beteiligten oder von Dritten unterschiedliche Strategien der Konfliktbewältigung angewandt werden:

- **Entscheidung:** Verzicht durch Ausschluss einer Alternative.
- **Priorität:** Unterordnung der einen unter die andere Alternative.
- **Einigung:** Echter Kompromiss durch Verzicht auf die volle Realisierung der konträren Vorstellungen.
- **Synthese:** Widersprüchliche Alternativen werden zu einer Lösung zusammengeführt.

- **Hinnahme:** Die Betroffenen finden sich mit der Situation ab.
- **Annahme:** Die Konfliktsituation wird als Chance und Aufgabe angesehen.
- **Abwendung:** Der Konflikt wird verdrängt.
- **Umrichtung:** Fokussierung auf ein Ersatzobjekt.

Tz. 54

Die Bearbeitung eines Konflikts ist allerdings nur sinnvoll, wenn beide Parteien ein Interesse an einer Lösung haben. Andernfalls können alle Anstrengungen unterbleiben und das Fortbestehen des Konflikts muss akzeptiert werden. Je nach Stärke der Kooperationsbereitschaft ergeben sich verschiedene Lösungsansätze:

Lösungsansätze

	Niedriger Wille zur Mitarbeit	Großer Wille zur Mitarbeit
Hohes Durchsetzungsvermögen	**Zwang** Die Position wird gegen den Widerstand und auf Kosten anderer durchgesetzt. **Gewinner-Verlierer-Strategie**	**Zusammenarbeit** Beide Seiten machen Zugeständnisse und erarbeiten ein gemeinsames Ergebnis. **Gewinner-Gewinner-Strategie**
Niedriges Durchsetzungsvermögen	**Vermeidung** Der Konflikt wird ignoriert und besteht weiter. **Verlierer-Verlierer-Strategie**	**Nachgeben** Der Konflikt wird gelöst, aber einer muss seine Position aufgeben. **Der Konflikt schwelt weiter**

- Beim **Zwang** wird angestrebt, sich auf Kosten des Konfliktpartners durchzusetzen. Eigene Interessen und Ziele stehen eindeutig im Vordergrund. Bei dieser Strategie gibt es einen Gewinner und einen Verlierer.
- Bei der **Zusammenarbeit** bemühen sich beide Parteien um eine symmetrische Lösung. Sie müssen bereit sein, die Ziele des jeweils anderen zu berücksichtigen und sich von einem Teil der eigenen Vorstellungen zu lösen. Diese Methode verlangt ein hohes Maß an Einfühlungsvermögen und die Bereitschaft zu konstruktiver Auseinandersetzung.
- Bei **Vermeidung** wird der Konflikt ignoriert in der Hoffnung, dass sich das Problem von alleine löst. Eigene Interessen werden verleugnet und die des Konfliktpartners nicht wahrgenommen.
- **Nachgeben** hat zur Folge, dass die eigenen Interessen und Ziele in den Hintergrund treten und sich der Konfliktgegner durchsetzen kann. Das birgt die Gefahr, dass der Konflikt nur vordergründig gelöst ist und versteckt weiter schwelt.

Wenig Erfolg versprechend	Erfolg versprechend
Druck ausüben	Überzeugung anstreben
Keine Rückzugsmöglichkeit eröffnen	Gesichtswahrung ermöglichen
Persönlicher Angriff	Problem in den Mittelpunkt stellen
Festgelegte Meinung	Offen für Argumente
Einseitigen Erfolg anstreben	Gemeinsame Lösung suchen
Festlegung auf „Entweder-Oder“	Mehrere Lösungsmöglichkeiten bedenken

Tz. 55

Die Abbildung zeigt, dass sich je nach Art des Konflikts verschiedene Lösungsansätze ergeben.

Formen der Konfliktbewältigung

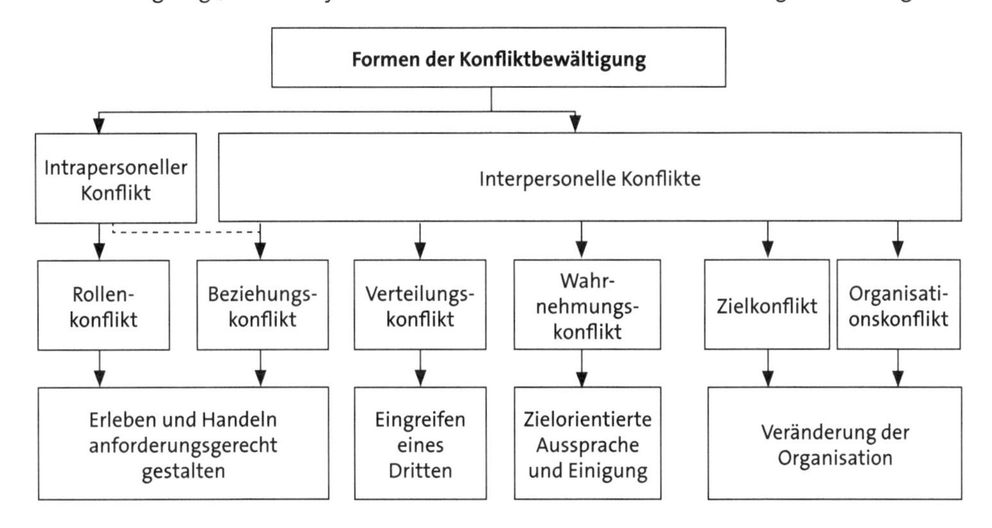

Die Auswahl der Strategien hängt ab von der grundlegenden Einstellung, die gegenüber dem Problem und dem Konfliktpartner eingenommen wird, sie kann sich im Laufe des Konflikts ändern.

Die Auswahl der Strategien zur Konfliktbewältigung ist abhängig von den grundlegenden Einstellungen der Konfliktbeteiligten gegenüber dem Problem.

1.4.5 Mediation

Tz. 56

Bei der Konfliktbewältigung kann die **Mediation** hilfreich unterstützen.

Mediation ist ein freiwilliges Verfahren, in dem ein Mediator Unterstützung bei der konstruktiven Bewältigung eines Konflikts leistet.

Mediator

Der **Mediator** versucht aus einer neutralen Position heraus, die Kommunikation zu lenken und einen gemeinsamen Lernprozess zu initiieren. Die Beteiligten sollen eine Vereinbarung treffen können, die ihren jeweiligen Interessen und Bedürfnissen entspricht.

Der Mediator soll dann

- die Konfliktsituation analysieren,
- die Rahmenbedingungen für die Aussprache festlegen,
- in der Aussprache als unparteiische Instanz fungieren,
- die Vereinbarung verbindlich machen.

Der Mediator leitet dabei lediglich das Verfahren, er trifft keine Entscheidungen, gibt keine Empfehlungen und macht keine Kompromissvorschläge. Die Entscheidung treffen die Konfliktbeteiligten allein, ohne ihre Zustimmung kann keine verbindliche Entscheidung zur Konfliktlösung getroffen werden.

Die beiden Geschäftsführer der A-GmbH streiten über die Produktpolitik des Unternehmens. Durch die Einschaltung eines Mediators zeigt sich, dass keine grundsätzlichen Gegensätze bestehen und eine weitere erfolgreiche Zusammenarbeit möglich ist.

1.5 Stresssituationen

Tz. 57

Stress ist eine unspezifische körperliche oder geistige natürliche Anpassungsreaktion des Körpers auf ein Übermaß an körperlicher oder psychischer Belastung.

Stress

Nicht die Belastung selbst ist der Stress, sondern die Reaktion des Körpers darauf. Er wird wahrgenommen, wenn zwischen Anforderungen und den Möglichkeiten zu ihrer Bewältigung eine Diskrepanz besteht. Er kann durch körperliche und seelische Reize (Stressoren) entstehen, z. B. durch Wärme, Kälte, Lärm, Überforderung im Beruf, Verlust eines geliebten Menschen usw. Dadurch kommt es zu körperlichen Anpassungsreaktionen.

ABB. 3: Stress

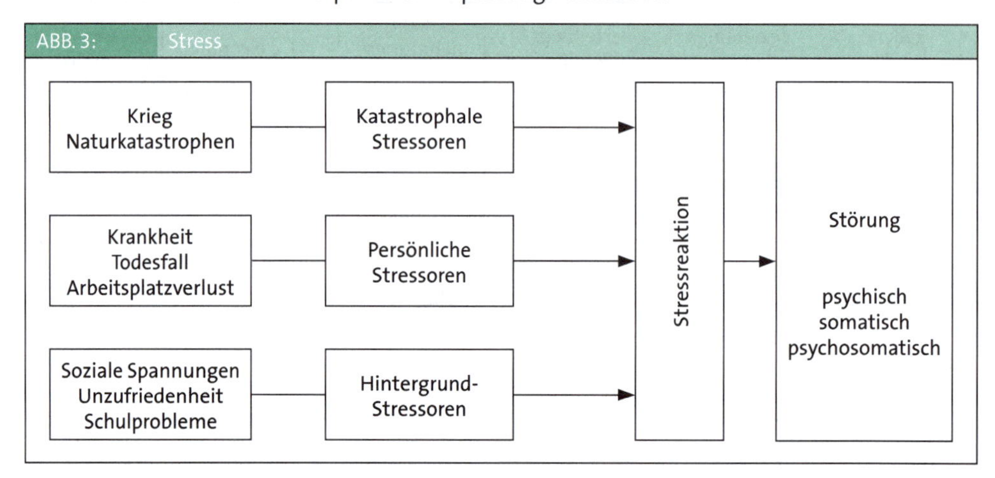

Tz. 58

Stressfolgen

Kurzfristiger Stress stellt i. d. R. kein Problem dar, er wird aber zu einem Gesundheitsrisiko, wenn er über einen längeren Zeitraum anhält. In Unternehmen führt Stress zu

- geringerer Leistung,
- erhöhter Unfallgefahr,
- schlechterem Betriebsklima,
- höheren Fehlzeiten und
- höherer Fluktuation.

1.5.1 Stressursachen

Tz. 59

objektive und subjektive Stressfaktoren

Bei den Stressursachen kann zwischen objektiven und subjektiven Stressfaktoren unterschieden werden.

Beispiele für Stressoren		
Physische	**Psychische**	**Soziale**
Lärm, Hitze, Kälte	Versagensängste	Konflikte
Hunger	Überforderung	Einsamkeit
Verletzungen, Infektionen	Fremdbestimmung	Verlust nahe stehender Personen
Schwere Arbeit	Zeitmangel	Mobbing
Reizüberflutung	Mangelnde Kontrolle	Konkurrenzkampf
Termindruck	Leistungsdruck	
Druck durch Vorgesetzte	Negative Denkmuster	
Informationsflut	Unterforderung	

1.5.2 Stressvermeidung

Tz. 60

Stress entsteht individuell sehr unterschiedlich, er wird bei jedem Menschen durch etwas anderes ausgelöst. Es kommt nicht darauf an, welche Stressoren wirken, sondern wie damit umgegangen wird. Jeder kann also durch die erforderlichen Veränderungen und Einstellungen auf die Bewältigung von Stress selbst Einfluss nehmen. Zur Vermeidung und Verarbeitung von Stress und vor allem seinen Folgen können verschiedene Strategien verfolgt werden:

Vermeidung und Verarbeitung von Stress

Stressverursacher vermeiden	Problemlösungen systematisieren
	Berührungen mit Stressoren vermeiden
	Zeitmanagement konsequent anwenden
	Aufgaben delegieren
Bewertungen verändern	Probleme als Herausforderung verstehen
	Erfahrungen auf vergleichbare Situationen anwenden
	Stressauslösende Denkmuster verändern
Erregung vermindern	Entspannungstechniken/Sport
	Gesunde Ernährung
	Soziale Kontakte pflegen
Stressreaktionen bearbeiten	Über Gefühle sprechen/Selbsthilfegruppen
	Informationskontrolle sichern
	Entscheidungskontrolle verbessern
	Gegenmaßnahmen entwickeln
	Verhaltenskontrolle
Inadäquate Stressbewältigung	Alkohol, Drogen
	Gewalt
	Rückzug

2. Präsentation

Tz. 61

Bei einer Präsentation werden Inhalte eines mündlichen Vortrags für eine Zielgruppe aufbereitet und unter begleitender Verwendung von Medien, insbesondere von visuellen Hilfsmitteln, dargestellt.

2.1 Zielgruppe

Tz. 62

Zielgruppe

Für den Erfolg einer Präsentation ist unabdingbar, bereits im Vorfeld ein möglichst präzises Bild von der Zielgruppe zu erhalten. Ihre Zusammensetzung bestimmt die Auswahl von Methoden und Medien, sodass Lerninhalte und Vermittlung aufeinander abgestimmt werden können. Fachlich muss darauf geachtet werden, dass die Teilnehmer weder unter- noch überfordert werden. Eine heterogene Gruppe führt notwendig zu Schwierigkeiten, weil entweder einige nicht mehr teilnehmen oder andere nicht teilnehmen können. Danach kann dann über die Tiefe der Ausführungen entschieden werden.

Vielfach hat der Vortragende allerdings keinen oder nur sehr eingeschränkten Einfluss auf die Zusammensetzung der Zuhörer. Unternehmen entscheiden z. B., welche Mitarbeiter eine Fortbildung besuchen, in Lehrgängen entscheiden nur formale Voraussetzungen über die Teilnahmeberechtigung und Teilnehmer schätzen sich falsch ein.

2.2 Vorbereitung

Tz. 63

Der Ablauf und die Methoden einer Präsentation müssen sorgfältig geplant werden. Eine gründliche Planung schafft die notwendige Sicherheit und ermöglicht einen reibungslosen Ablauf, der nicht zu starr festgelegt sein darf, damit die notwendige Flexibilität gewährleistet werden kann.

2.2.1 Organisatorische Vorbereitung

Tz. 64

organisatorische Vorbereitung

Vor der Präsentation müssen die Rahmenbedingungen geprüft werden:

- Wo wird die Veranstaltung stattfinden? Ist der Raum groß genug? Wie sind Stühle und Tische gestellt?
- Sind die erforderlichen Medien vorhanden?
- Wie viele Personen werden erwartet?
- Wie lange soll die Präsentation dauern? Ist anschließend eine Diskussion vorgesehen?

Bei dieser Vorbereitung ist eine Checkliste hilfreich. Sie verdeutlicht, welche Vorbereitungsmaßnahmen noch getroffen werden müssen.

2.2.2 Inhaltliche Vorbereitung

Tz. 65

inhaltliche Vorbereitung

Die inhaltliche Vorbereitung umfasst die detaillierte Planung unter Berücksichtigung der Zielgruppe und der organisatorischen Bedingungen:

- Was soll mit der Präsentation erreicht werden?
- Was interessiert die Zuhörer? Welche Erwartungen haben die Teilnehmer? Der Stoff wird gesammelt, ausgewählt und komprimiert.
- Wer sind die Teilnehmer? Welches Vorwissen und welche Funktionen haben sie?
- Welche Reihenfolge ist sinnvoll? Wie lauten die Kernbotschaften?
- Welcher Titel macht neugierig?

2.2.3 Methodische Vorbereitung

Tz. 66

methodische Vorbereitung

Die Methode einer Präsentation wird entscheidend von der Zielgruppe bestimmt:

- Welche Erfahrungen haben die Zuhörer mit dem vorgesehenen Thema?
- Ist die Zielgruppe homogen?
- Von welchen Erwartungen muss ausgegangen werden?
- Ist Konfliktpotenzial erkennbar?

Je mehr über die Zielgruppe bekannt ist, desto besser können ihre Bedürfnisse berücksichtigt werden.

2.2.4 Persönliche Vorbereitung

Tz. 67

persönliche Vorbereitung

Die Präsentation wird nur bei einer souveränen Gestaltung erfolgreich sein. Alle Risiken sollen möglichst ausgeschlossen werden:

- Ist die Anreise geregelt? Müssen Übernachtungen vorgesehen werden?
- Ist ein schriftlicher Ablaufplan erforderlich?
- Sind zu jedem Gliederungspunkt angemessene Methoden gewählt?
- Muss noch Arbeitsmaterial (Handouts, Folien, Flipcharts) angefertigt werden?

Eine Checkliste gibt auch hier denjenigen Sicherheit, die bisher wenig Erfahrungen mit Präsentationen gesammelt haben.

2.3 Auftreten

Tz. 68

Erscheinungsbild

Unabhängig von der fachlichen Kompetenz und einer ausgefeilten Präsentation bestimmt die persönliche Erscheinung über den Erfolg wesentlich mit. Ein souveräner Auftritt erhöht die Akzeptanz und hat insgesamt einen positiven Einfluss.

Tz. 69

Körpersprache

Die eigene Körpersprache lässt sich allerdings nur sehr schwer manipulieren und das Ergebnis wirkt dann oft unecht. Die Beachtung einiger weniger Grundregeln ist aber hilfreich:

- Durch einen ruhigen und sicheren Stand wird die Sicherheit erhöht. Der Vortrag wirkt ruhiger, Nervosität wird weniger erkennbar und der Vortrag erscheint kompetenter.
- Der Kontakt zum Publikum soll durch Stimme, Körpersprache und vor allem Blickkontakt gesichert werden. Auf Unruhe, Fragen, Zurufe u. Ä. muss reagiert werden.
- Die Sprache soll laut und deutlich, dabei dynamisch und nicht zu schnell sein.
- Texte dürfen nicht abgelesen werden, Stichwörter können auf einem Spickzettel oder auf Karteikarten notiert werden.
- Das gesprochene Wort soll durch Gesten unterstützt werden, sie dürfen aber nicht eingeübt wirken.
- Verschränkte Arme erscheinen als Barriere, das wirkt überheblich und arrogant. Auch Hände in den Hüften wirken aggressiv und provozieren unbewussten Widerstand.
- Eine scheinbar besonders lässige Haltung vermittelt den Eindruck von Distanz und mangelndem Engagement.

2.4 Medien

Tz. 70

Präsentationsmedien

Bei einer Präsentation verdeutlichen Grafiken, Bilder u. Ä. komplexe Zusammenhänge. Durch Medieneinsatz wird die Vortragsstruktur einfacher erkennbar, Inhalte werden besser behalten, weil mehrere Sinneskanäle angesprochen werden. Wichtige Präsentationsmedien sind Beamer, Overheadprojektor, Flipchart und Pinnwand.

Die Auswahl der geeigneten Medien ist abhängig von

- der Teilnehmerzahl,
- der Raumgröße,
- der vorhandenen Technik und
- dem didaktischen Konzept.

2.4.1 Flipchart

Tz. 71

Flipchart

Ein Flipchart besteht aus einem Trägerelement, das gut sichtbar aufgestellt werden kann und auf dem ein großformatiger Papierblock befestigt ist. Auf einem Flipchart können Informationen festgehalten werden, die für längere Zeit sichtbar sein sollen. Das gilt z. B. für die Gliederung, aber auch für wichtige Schaubilder, Übersichten und Diagramme.

Eine Präsentation mit dem Flipchart wirkt vergleichsweise altmodisch und kann die Aufmerksamkeit der Teilnehmer nur für kurze Zeit binden.

2.4.2 Tageslichtprojektor

Tz. 72

Tageslichtprojektor

Mit einem Tageslichtprojektor (Overheadprojektor) können transparente Folien mit deckender Schrift und Grafik vergrößert auf eine Leinwand projiziert werden. Die Hervorhebung einzelner Elemente ist auf einfache Weise möglich, die Betrachter können die Informationen schnell und zweifelsfrei erkennen.

Die Erstellung der Folien muss allerdings sehr sorgfältig erfolgen. Für die Akzeptanz ist ihre leichte Lesbarkeit entscheidend. Ihre Gestaltung soll dazu beitragen, die Entwicklung des Themas zu unterstützen, Folien dürfen aber kein Selbstzweck sein.

2.4.3 Beamer

Tz. 73

Beamer

Ein Beamer wird meistens direkt an den Ausgang der Grafikkarte eines Computers angeschlossen. Dadurch kann ein vergrößertes Bild von Fotos, Videos oder Grafiken in fast beliebiger Größe und für viele sichtbar projiziert werden. In Kombination mit einem Laptop ergibt ein Beamer ein flexibles und mobiles System zur Visualisierung.

Der Vorteil gegenüber einem Overheadprojektor kann darin gesehen werden, dass Animationen und Fernbedienung möglich sind. In vielen Vortragsräumen ist ein Beamer fest installiert.

Präsentationen mit einem Beamer müssen aufwendig vorbereitet werden. Weil die festgelegte Reihenfolge der Charts nur schwer zu ändern ist, können sie zudem leicht aufgesetzt wirken.

2.4.4 Pinnwand

Tz. 74

Pinnwand

Eine Pinnwand besteht aus einem großen Träger, auf dem Stoff, Kork o. Ä. aufgezogen ist, damit z. B. Kärtchen, Fotos oder Zeitungsausschnitte angeheftet werden können. Sie wird ähnlich eingesetzt wie das Flipchart, allerdings lässt sich die Arbeitsfläche nicht so schnell und einfach austauschen. Dafür lässt sie sich vielfältiger nutzen, weil die angepinnten Materialien ausgetauscht und sortiert (geclustert) werden können.

Die Pinnwand eignet sich für die Arbeit in kleinen Gruppen.

2.4.5 Weitere Hilfsmittel

Tz. 75

weitere Hilfsmittel

Der Medieneinsatz kann je nach Art der Präsentation durch weitere Hilfsmittel unterstützt werden, z. B.:

- Zeigestock,
- Laserpointer,
- Overlays,
- Toneinspielungen,
- Videos.

2.5 Visualisierung

Tz. 76

Ein Vortrag ohne visuelle Hilfsmittel ist vergleichsweise ineffektiv, weil Worte wesentlich schwerer zu merken sind als Bilder. Durch eine gute Visualisierung können Inhalte optisch betont und herausgestellt werden. Der gesprochene Vortrag soll dabei nicht ersetzt, sondern ergänzt werden. Dadurch wird

- die Aufmerksamkeit der Teilnehmer verstärkt,
- der „Rote Faden“ deutlicher,
- die Information leichter und schneller erfassbar gemacht,
- das Behalten unterstützt und
- die Prägnanz erhöht.

Im Prinzip sind der Kreativität bei der Visualisierung keine Grenzen gesetzt, die Grundregeln der visuellen Wahrnehmung und des Designs sollten aber beachtet werden, um eine optimale Darstellung zu erreichen.

Tz. 77

Die Art der Visualisierung wird bei einer Präsentation immer vom Thema abhängen. Trotzdem gelten einige Grundregeln:

Gestaltungselemente

Tz. 78

► **Der rote Faden**

roter Faden

- Am Beginn einer Präsentation steht immer eine Gliederung des Vortrags und am Ende eine Zusammenfassung. Wenn vom Thema her möglich, endet die Präsentation mit einem Ausblick.
- Besonders bei längeren Präsentationen sollte die Gliederungsübersicht an geeigneter Stelle wiederholt werden.
- Die Gestaltung der Folien soll dazu beitragen, die Zuhörer bei der Entwicklung der Inhalte zu unterstützen, ihnen einen „Weg" zu weisen.
- Alle Folien sollten das gleiche Grundlayout haben (Hoch- oder Querformat). Andernfalls entstehen Irritationen durch das veränderte Schema und die ständige Notwendigkeit, sich auf die andere Gestaltung einzustellen.
- Der Aufbau der Folien sollte einheitlich standardisiert sein.

Tz. 79

► **Foliengestaltung**

Foliengestaltung

Bei der Gestaltung der Folien ist vor allem anderen darauf zu achten, dass sie eine unterstützende Funktion haben, sie dürfen nicht selbst Gegenstand der Präsentation werden. Der Vortragende muss im Mittelpunkt stehen. Folien sollten sich niemals vollständig selbst erklären, sie dürfen den Sprecher nicht entbehrlich machen. Gleichartige Elemente sollten auch gleich gestaltet sein.

Alle Überschriften in gleicher Größe, im gleichen Schrifttyp, in gleicher Farbe; Bei Aufzählungen immer die gleichen Aufzählungszeichen; Sprechblasen immer in gleicher Form, Farbe und Schrifttype usw.

Folien sollen die Aussagen des Vortrags visualisieren, sie sollen nicht dem Mitlesen dienen. Diese simple Regel ist wahrscheinlich diejenige, gegen die am häufigsten verstoßen wird. Wenn die Folien alle relevanten Informationen enthalten, bleibt dem Vortragenden nämlich nur noch, sie vorzulesen. Für die Zuhörer ist das langweilig und ermüdend. Nach ihrem Empfinden wäre bei dieser Gestaltung ein Buch die bessere Alternative.

Tz. **80**

► **Text, Bilder und Cliparts**

Text, Bilder und Cliparts

Folien dürfen nicht überfrachtet wirken. Oft ist weniger mehr. Der Folieninhalt muss mit einem Blick erfasst werden können, aber die Folie muss nicht selbsterklärend sein. Sie sollte nicht mehr als 10 Zeilen umfassen, mit mehr Schrift wirkt sie unweigerlich überfrachtet und provoziert bei den Zuhörern Unmut und daraus folgend Widerstand. Folienränder werden meist weniger gut ausgeleuchtet, deshalb sollte ein Rand (ca. 2 cm) frei gelassen werden.

Tz. **81**

► **Farben**

Farben

Farben sollten sparsam eingesetzt werden, sie übernehmen bei einer Präsentation unterschiedliche Funktionen:

- Sie **schmücken**. Die Zuhörer empfinden die Farben als positiv stimulierend, sie ziehen die Aufmerksamkeit auf sich. Farbige Dinge erscheinen interessanter und bleiben deshalb auch besser in Erinnerung.

„Farbig" und „bunt" ist etwas anderes und führt bei den Zuschauern auch zu unterschiedlichen Wahrnehmungen. Eine Überfrachtung mit vielen unterschiedlichen Farben verwirrt, lenkt ab und wirkt auch wenig professionell.

- Sie **ordnen**. Wenn gleichartige Aussagen oder gleichartige Elemente regelmäßig in der gleichen Farbe erscheinen, übernehmen sie durch die Wiedererkennung eine Gliederungsfunktion.
- Sie **setzen Akzente**. Farbige Elemente heben sich ab, werden akzentuiert und die Aussage wird unterstützt.

Tz. 82

► **Symbole**

Symbole

Grafische Symbole und Bilder lockern die Darstellung auf, gliedern und verdeutlichen. Deshalb ist es sinnvoll, umfassend solche Zeichen einzusetzen. Dabei gilt:

- Die Präsentation darf durch grafische Überfrachtung nicht unübersichtlich und verspielt wirken. Die zusätzliche Visualisierung muss sich dem Präsentationsziel unterordnen.
- Zeichen müssen „passen". Ein beliebiges Zeichen ohne Bezug zum Inhalt lenkt nur ab, dann ist weniger mehr.
- Die Folien dürfen nicht überladen werden. Freiflächen auf den Folien sind für die Betrachter auch „Erholungsräume".
- Die Zeichen müssen eindeutig und leicht verständlich sein. Wenn sie erklärt werden müssen, stören sie.

Diese Aufzählung soll Sie auf die Klausur und das Fachgespräch vorbereiten. Zur Anfertigung Ihrer Präsentation für die mündliche Prüfung (§ 6 Abs. 5 BibuchhFPrV) müssen Sie sich intensiver mit den Präsentationstechniken beschäftigen.

1.) Nennen Sie typische Kommunikationssituationen in Unternehmen.
Z. B. Besprechung, Präsentation, Konfliktgespräch, Diskussion, Beratung, Unterhaltung (Tz. 5)

2.) Welche sind die vier Ebenen, die in jeder Kommunikationssituation eine Rolle spielen?
Sachebene, Selbstkundgabe, Beziehungsebene, Appellebene (Tz. 6)

3.) Was ist eine Moderation?
Durch eine Moderation werden Besprechungen, Diskussionen usw. strukturiert und visualisiert. Ein Moderator stellt dabei seine Kenntnisse zu Methoden und Techniken zur Verfügung, nimmt aber inhaltlich keinen Einfluss. Die Moderation folgt immer einem bestimmten „Fahrplan", dem Moderationszyklus (Tz. 16 f.).

4.) Nennen Sie vier Bereiche im Unternehmen, die für die Kommunikation mit externen Partnern von besonderer Bedeutung sind.
Investors Relations, Reklamationsmanagement, Beschwerdemanagement, Lieferantenmanagement (Tz. 20 ff.)

5.) Wodurch entstehen bei interkultureller Kommunikation nonverbale Sprachbarrieren?
Sitten, Gebräuche, andere Wahrnehmungsmuster (Tz. 30)

6.) Nennen Sie Beispiele für Sitten und Gebräuche, die eine Kommunikation zwischen Angehörigen unterschiedlicher Kulturkreise erschweren.
Gestik, körperlicher Abstand, Augenkontakt, Berührungen, Kleidung, Alkohol (Tz. 31)

7.) Welche Kulturstandards können die Kommunikation zwischen Angehörigen unterschiedlicher Kulturkreise erschweren?
Machtdistanz, Gruppenorientierung, Maskulinität, Unsicherheitsvermeidung, Langzeitorientierung (Tz. 33 ff.)

8.) Welche Arten von Konflikten kennen Sie?
Beziehungskonflikte, Rollenkonflikte, Zielkonflikte, Wahrnehmungskonflikte, Verteilungskonflikte (Tz. 44 ff.)

9.) Welche sind die drei grundsätzlich möglichen Strategien zur Vermeidung von Konflikten?
Organisatorische Strategie, persuative Strategie, Normenstrategie (Tz. 52)

10.) Welche Fragen müssen bei der organisatorischen Vorbereitung einer Präsentation geklärt werden?
- *Welcher Raum steht zur Verfügung? Wie wird die Möblierung sein?*
- *Welche technischen Medien stehen zur Verfügung?*
- *Wie viele Zuhörer werden erwartet?*
- *Welcher Zeitrahmen ist vorgesehen?*
- *Soll anschließend eine Diskussion stattfinden?*

(Tz. 64)

11.) Welche Fragen müssen zur methodischen Vorbereitung einer Präsentation geklärt werden?
- *Was erwarten die Zuhörer?*
- *Was wissen sie bereits über das Thema?*
- *Verfügen alle Teilnehmer über die gleichen Voraussetzungen?*
- *Sind unterschiedliche Meinungen zu erwarten, kann es zu Konflikten kommen?*

(Tz. 66)

III. Personalauswahl

1. Aus Unternehmenszielen ableiten

Tz. 83

Personalmanagement

Die früher rein verwaltende Personalarbeit hat sich zu einem aktiv agierenden Personalmanagement entwickelt, das die Entscheidungen der Unternehmensleitung unterstützt.

Personalmanagement umfasst alle personalbezogenen Maßnahmen zur Erreichung der Unternehmensziele. Dazu gehören die Personalplanung, -entwicklung, -führung und -verwaltung.

Tz. 84

wirtschaftliche und soziale Ziele

Mitarbeiter sind aus betrieblicher Sicht einerseits Leistungsträger (und damit durch die Entgeltzahlung auch ein Kostenfaktor), andererseits aber auch Individuen mit eigenen Zielen, Bedürfnissen und Motiven. Diese „sozialen" Faktoren haben eine zunehmende Bedeutung; deshalb ist anzustreben, dass sich die wirtschaftlichen und sozialen Ziele ergänzen und möglichst Synergieeffekte entstehen.

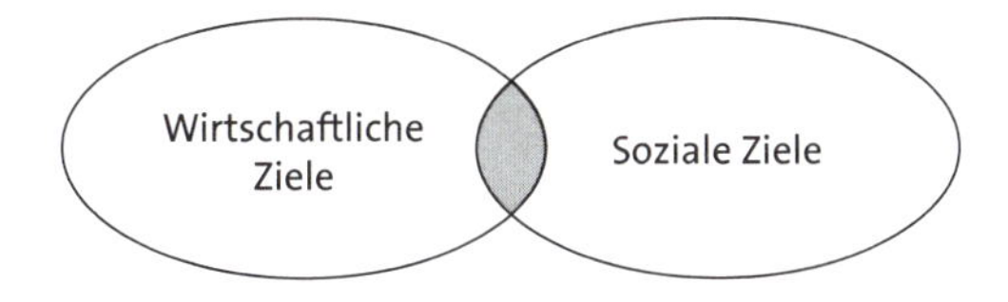

Wirtschaftliche Ziele	Soziale Ziele
Maximierung der Arbeitsleistung	Arbeitszufriedenheit
Minimierung der Personalkosten	Identifikation mit dem Unternehmen
Optimale Ausnutzung des Wissens und Könnens	Förderung
Ausnutzung der kreativen Potenziale	Karrierechancen
	Hohes Gehalt
	Angenehme Arbeitsbedingungen
	Altersversorgung

Träger der Personalarbeit

Diese Ziele müssen gemeinsam von der Personalabteilung, der Unternehmensleitung, den direkten Vorgesetzten und dem Betriebsrat verfolgt werden. Dabei kann es zwischen den Beteiligten unterschiedliche Prioritäten geben.

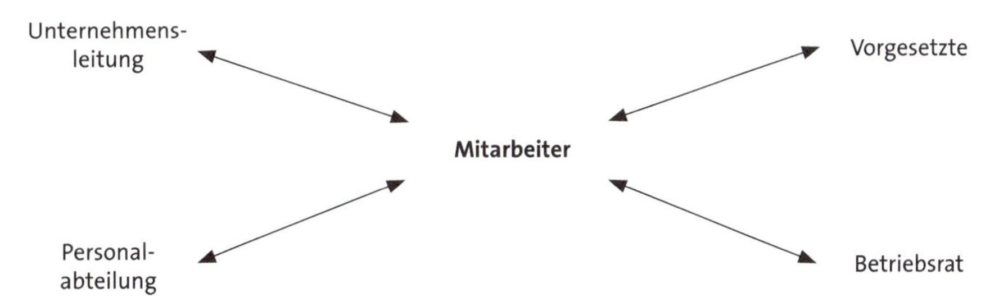

Tz. 85

Durch die Personalpolitik werden z. B. die Lohnpolitik, die Sozialpolitik und die berufliche Förderung bestimmt.

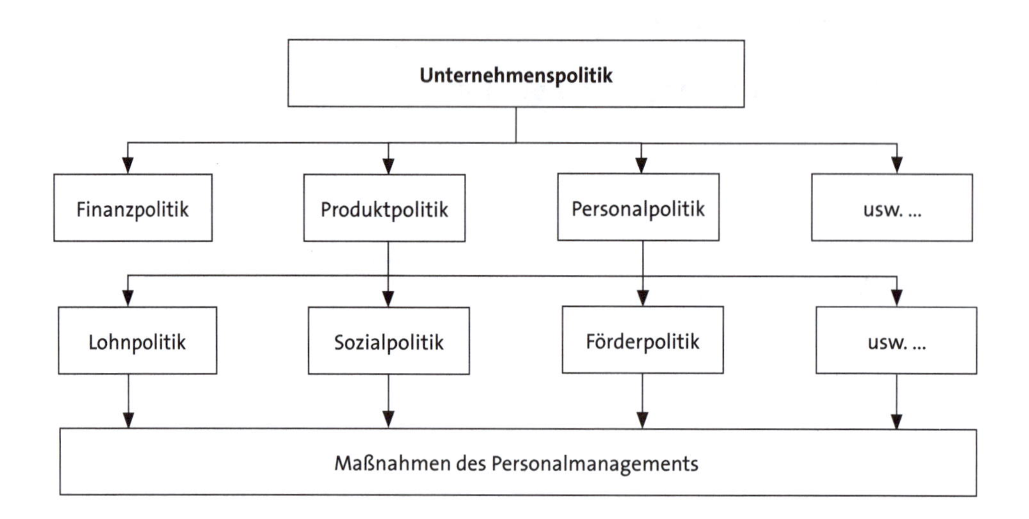

1.1 Personalmarketing

Tz. 86

Durch Personalmarketing sollen die Voraussetzungen dafür geschaffen werden, dass ein Unternehmen langfristig über qualifizierte und motivierte Mitarbeiter verfügen kann. Durch operative Marketingmaßnahmen soll das Unternehmen als attraktiver Arbeitgeber bekannt gemacht werden.

Aufgabenbereiche

Zu diesen – durch die demografische Entwicklung wichtiger werdenden – Aufgabenbereichen gehören die Personalmarktforschung, die Anwerbung von Talenten und die Betreuung der Mitarbeiter.

1.2 Personalführung

Tz. 87

Teilbereiche

Personalführung bezeichnet den zielgerichteten sozialen Einfluss auf die Mitarbeiter in einer Organisation. Sie ist ein Teil der Unternehmensführung, wichtige Teilbereiche sind:

- Personalplanung,
- Personalentwicklung,
- Personalkommunikation,
- Zusammenarbeit mit dem Betriebs- oder Personalrat.

Beteiligte sind immer ein Vorgesetzter und mindestens ein unterstellter Mitarbeiter, der durch Information, Anweisung, Koordination und Überwachung angeleitet wird. Das setzt fachliche Qualifikation, soziale Kompetenz und menschliche Verantwortung voraus. Die Art der Führung drückt sich im Führungsstil aus.

1.3 Personalbindung

Tz. 88

Besonders bei Arbeitskräften mit Schlüsselkompetenzen, die auf dem Arbeitsmarkt nur schwer zu gewinnen sind, erschwert Fluktuation die Behauptung im Wettbewerb. Wenn leistungsbewusste qualifizierte Mitarbeiter durch positive Anreize möglichst lange an das Unternehmen gebunden werden, werden das Arbeitsklima positiv beeinflusst, das Arbeitgeberimage verbessert und nicht zuletzt die Trennungskosten gesenkt. Bei den Formen der Mitarbeiterbindung werden unterschieden:

Formen der Mitarbeiterbindung

- **Emotionale Bindung:** Die Mitarbeiter identifizieren sich mit den Zielen, Werten und Normen des Unternehmens oder mit den Kollegen. Die Bindung wird gefördert durch ein angenehmes Arbeitsklima und eine gelebte Unternehmenskultur.

- **Kalkulative Bindung:** Die Mitarbeiter wägen die Vor- und Nachteile ihres Arbeitsplatzes gegenüber anderen Stellen ab und prüfen, welche stärker mit ihren Interessen und Zielen übereinstimmen. Diese Bindung kann durch eine attraktive Entlohnung und Aufstiegsmöglichkeiten gefördert werden.
- **Normative Bindung:** Die Mitarbeiter spüren eine moralische Verpflichtung dem Unternehmen oder den Produkten gegenüber.
- **Qualifikationsorientierte Bindung:** Die Bindung entsteht durch Entwicklungschancen, Weiterbildungsangebote und die Arbeitsinhalte. Diese Bindung muss besonders gefördert werden, weil sie für stark motivierte Mitarbeiter besonders wichtig ist.

In Unternehmen, die auf Mitarbeiterbindung Wert legen, spüren die Mitarbeiter, dass sie wichtig sind und wertgeschätzt werden.

1.4 Fachkräftesicherung

Tz. 89

Erfolgsfaktor

Die Gewinnung und dauerhafte Bindung von Fachkräften stellt für viele Unternehmen eine Herausforderung dar, weil sie Innovation und Wettbewerbsfähigkeit sichern und maßgeblich zum Erfolg beitragen. Dieses Problem muss sowohl durch Gestaltung der relevanten Rahmenbedingungen als auch durch die Personalführung in den Unternehmen gelöst werden.

Rahmenbedingungen	Maßnahmen von Unternehmen
Erhöhung der Frauenerwerbsquote	Aktive Laufbahnplanung
Zuwanderung erhöhen	Flexible Arbeitszeitmodelle
Wiedereinstieg erleichtern	Vereinbarkeit von Beruf und Familie fördern
Verlängerung der Lebensarbeitszeit	Freizeitangebote
Verringerung der Zahl der Schulabbrecher	Erhöhung der Frauenquote
Ausländische Abschlüsse anerkennen	Qualifizierte Ausbildungen anbieten

2. Personalbedarf im eigenen Aufgabenbereich

Tz. 90

Der Personalbedarf ergibt sich aus der Gesamtheit der Arbeitskräfte, die zur Erfüllung aller Aufgaben in einem Unternehmen jetzt und in Zukunft erforderlich sind.

Zukunftsorientierung

Dabei sind Änderungen der Sortimentspolitik, der Kapazität, der Arbeitszeit usw. zu berücksichtigen. Um den Personalbedarf planen zu können, müssen der aktuelle und der zukünftig notwendige Personalbestand berücksichtigt werden.

2.1 Personalbestandsanalyse

Tz. 91

Zur Feststellung der aktuellen Situation muss der Personalbestand nach unternehmensrelevanten Kriterien analysiert werden, z. B.:

- Alter,
- Qualifikation,
- Arbeitszeitmodell.

Dadurch kann der Handlungsbedarf ermittelt werden.

2.2 Personalbedarfsanalyse

Tz. 92

qualitative und quantitative Aspekte

Bei der Personalplanung werden quantitative und qualitative Aspekte unterschieden.

Quantitative Aspekte betreffen die Kapazitätsplanung, die traditionell in „Manntagen" angegeben wird.

Mit der Personalbedarfsanalyse wird abgeschätzt, wie hoch der quantitative und qualitative örtliche und zeitliche Personalbedarf in absehbarer Zukunft sein wird. Dazu wird die Ist-Situation mit der Soll-Situation verglichen.

Ist-Situation		Soll-Situation
Aktuelle Zahl der Mitarbeiter	↔	Benötigte Arbeitsstunden
Vorhandene Qualifikationen	↔	Benötigte Qualifikationen

Berechnungsschema

Die quantitative Ermittlung erfolgt prinzipiell anhand der folgenden Tabelle:

	Vorhandene Stellen
+	Neue Stellen
-	Entfallende Stellen
=	**Bruttopersonalbedarf**
	Aktuell besetzte Stellen
+	Feststehende Zugänge
-	Feststehende Abgänge
-	Wahrscheinliche Abgänge
=	**Fortgeschriebener Personalbestand**
	Bruttopersonalbedarf
-	Fortgeschriebener Personalbestand
=	**Nettopersonalbedarf**

Tz. 93

Arten des Personalbedarfs

Verschiedene Arten des Personalbedarfs müssen dazu unterschieden werden:

- **Neubedarf** (Erweiterungsbedarf): Zusätzliche Stellen werden (z. B. wegen Kapazitätserhöhung) geschaffen.
- **Mehrbedarf:** Neue Stellen müssen besetzt werden, ohne dass sich der Output ändert (z. B. durch Arbeitszeitverkürzung, gesetzliche Auflagen).
- **Ersatzbedarf:** Für ausscheidende Mitarbeiter (z. B. wegen Kündigung, Pensionierung) erfolgen Neueinstellungen.
- **Nachholbedarf:** Besetzung von Stellen, die bereits vorhanden, aber noch nicht besetzt sind.
- **Reservebedarf:** Personalreserve für erkennbare Ausfälle (z. B. Urlaub, Krankheit).
- **Zusatzbedarf:** Kurzfristig notwendige zusätzliche Mitarbeiter (z. B. Saisonarbeitskräfte).
- **Minderbedarf:** Anpassung bei Rückgang des Personalbedarfs (z. B. bei Rationalisierungsmaßnahmen, Produktionseinschränkungen).

quantitative Verfahren

Zur Bestimmung des quantitativen Personalbedarfs stehen verschiedene Methoden zur Verfügung:

Methode	Grundlage	Beispiel „Supermarkt"
Schätzverfahren	Erfahrungswerte	Kasse, Fleischtheke, Leergutannahme und Lager müssen ständig besetzt sein
Globale Bedarfsprognose	Ableitung aus belastbaren Größen aus der Vergangenheit	Umsatz, Zahl der Kunden, Fläche
Kennzahlenmethode	Verhältniszahlen, die sich in der Vergangenheit stabil gezeigt haben	Eine Kassiererin kann pro Stunde 150 Kassiervorgänge bewältigen
Arbeitswissenschaftliche Verfahren	Der Zeitbedarf pro Arbeitseinheit wird ermittelt	Ein Bedienvorgang an der Fleischtheke dauert durchschnittlich 85 Sekunden

Tz. 94

Kompetenzen

Bei der qualitativen Personalplanung müssen Wissen und Kompetenzen der zukünftigen Mitarbeiter einbezogen werden. Sie berücksichtigt folgende Kompetenzen:

- **Fachkompetenz:** Erforderlich sind aufgabenbezogene Fachkenntnisse, aber gegebenenfalls auch Kenntnisse der örtlichen Situation, Kenntnisse der Unternehmensstrukturen, der Kunden und Lieferanten usw.
- **Methodenkompetenz:** Wissen und Können müssen auf die jeweiligen betrieblichen Abläufe angewandt werden können.
- **Sozialkompetenz:** Die effektive Zusammenarbeit mit anderen verlangt Kommunikations-, Team- und Führungsfähigkeit und auch interkulturelle Kompetenzen.
- Bereitschaft zur **Fort- und Weiterbildung**.

Informationen dazu können durch die Auswertung von Stellenbeschreibungen erlangt werden.

2.3 Kennzahlen

Tz. 95

Wichtige Kennzahlen bei der Personalbedarfsplanung sind:

$$\text{Fluktuationsquote} = \frac{\text{Personalabgänge}}{\text{Durchschnittlicher Personalbestand}} \cdot 100$$

$$\text{Umsatz je Mitarbeiter} = \frac{\text{Umsatzerlöse}}{\text{Anzahl der Mitarbeiter}}$$

$$\text{Mehrarbeitsquote} = \frac{\text{Anzahl der Mehrarbeitsstunden}}{\text{Anzahl der Regelarbeitsstunden}} \cdot 100$$

$$\text{Krankenquote} = \frac{\text{Anzahl der kranken Mitarbeiter}}{\text{Gesamtzahl der Mitarbeiter}}$$

$$\text{Fehlzeitenquote} = \frac{\text{Fehlzeiten}}{\text{Sollarbeitszeit}} \cdot 100$$

$$\text{Frauenanteil} = \frac{\text{Beschäftigte Frauen}}{\text{Gesamtzahl der Mitarbeiter}} \cdot 100$$

Kennzahlen müssen immer interessenbezogen gebildet (bzw. auf die Aufgabenstellung bezogen) werden. Deshalb können Kennzahlen in unterschiedlichen Versionen existieren. In der Prüfung wird es darauf ankommen, eine sinnvolle Lösung zu finden.

3. Instrumente der Personalplanung

Tz. 96

Bestimmungsgründe

Die Personalplanung wird von externen und internen Determinanten beeinflusst:

Externe Gründe	Interne Gründe
Marktentwicklung	Unternehmensziele
Technologiewandel	Altersstruktur
Arbeitsmarkt	Qualifikationsstruktur
Arbeitszeit	Personalkosten
Sozialgesetzgebung	Investitionen
Tarifvereinbarungen	

Bei der Personalplanung besteht für den Betriebsrat kein echtes (erzwingbares) Mitbestimmungsrecht. Er wirkt lediglich durch Unterrichtung, Beratung und Vorschläge mit.

Die Gründe für die Personalplanung lassen sich bei vielen Fragestellungen „einbauen“. Sie verdeutlichen die Interessenlage der Unternehmen.

3.1 Stellenbeschreibung

Tz. 97

Anforderungsprofil

In der Stellenbeschreibung werden die wesentlichen Anforderungen an einen bestimmten Arbeitsplatz personenneutral beschrieben. Daraus können die Anforderungsprofile der Mitarbeiter abgeleitet werden. Aus der Stellenbeschreibung können ersehen werden:

- die Bezeichnung der Stelle,
- die Einordnung der Stelle in die Unternehmensorganisation,
- die Stellvertretungsregelung,
- Fachaufgaben,
- Führungsaufgaben,
- Kompetenzen und Pflichten,
- die Zusammenarbeit mit anderen Stellen,
- die Anforderungen an den Stelleninhaber.

Die Stellenbeschreibung ist die Grundlage für die Einstellung und die Einarbeitung von neuen Mitarbeitern.

3.2 Stellenplan

Tz. 98

personenunabhängig

Alle Stellen eines Unternehmens, die laut Plan benötigt werden und damit auch der Bedarf an Personal, werden in einem – meistens hierarchisch strukturierten – Stellenplan erfasst. Dieser hat einen Soll-Charakter. Da Stellen personenunabhängig sind, werden auch nicht besetzte Stellen aufgeführt.

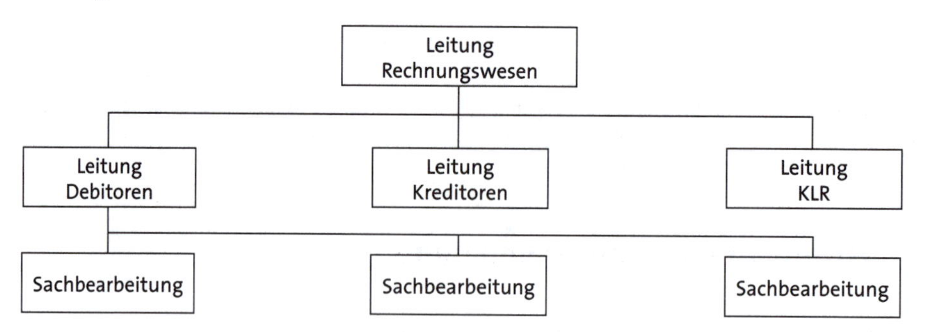

3.3 Stellenbesetzungsplan

Tz. 99

tatsächlich besetzte Stellen

Der Stellenbesetzungsplan enthält nur die tatsächlich besetzten Stellen. Angegeben sind der Name des Stelleninhabers und meistens weitere Informationen wie Eintrittsjahr, Gehaltsgruppe, Geburtsjahr und Vollmachten. Eine Differenz zwischen Stellenplan und Stellenbesetzungsplan zeigt einen Personalunter- oder -überhang.

ABB. 4: Auszug eines Stellenbesetzungsplans

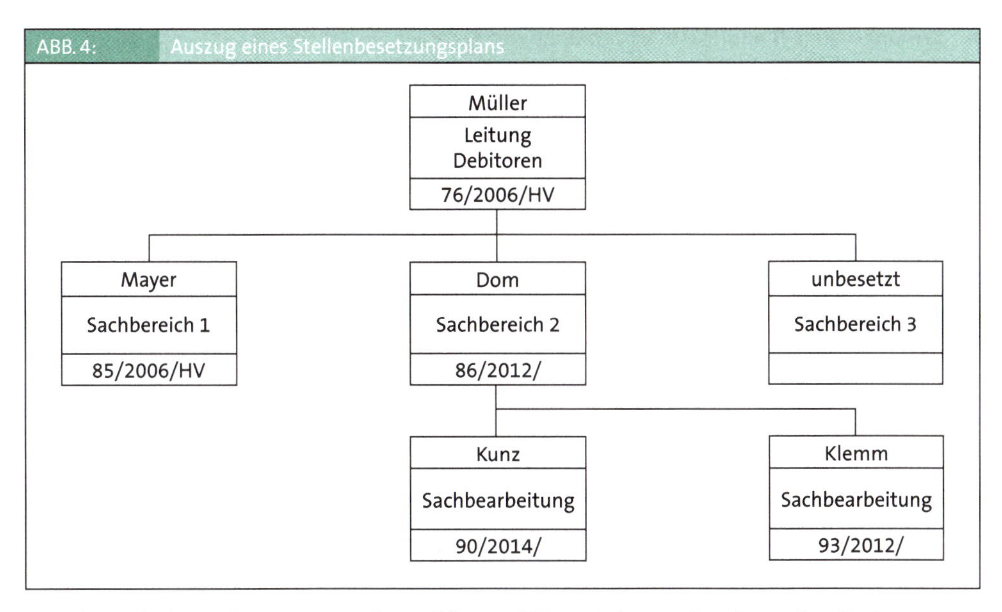

Bei den Aufgabenstellungen ist gegebenenfalls sorgfältig zwischen Stellenplan und Stellenbesetzungsplan zu unterscheiden.

3.4 Qualifikationsprofil

Tz. 100

notwendige Fähigkeiten

In einem Qualifikationsprofil werden alle Fähigkeiten zusammengefasst, die ein Mitarbeiter im Laufe seines Berufslebens erworben hat und die zur Ausübung der Stelle notwendig sind. Das Leistungspotenzial bezieht sich auf die Leistungsfähigkeit und auch auf die Leistungsbereitschaft.

Anforderungsprofile sind dagegen immer auf die Stelle bezogen, nicht auf den Stelleninhaber.

3.5 Laufbahnplanung

Tz. 101

langfristige Perspektiven

Durch eine strategische Besetzung von Stellen, also unter Berücksichtigung langfristiger Perspektiven, werden Karrieren im eigenen Unternehmen gefördert. Den Mitarbeitern können so Entwicklungsmöglichkeiten aufgezeigt werden.

Laufbahnpläne legen eine bestimmte Reihenfolge von Stellen fest, die im Hinblick auf eine Zielposition erfolgreich durchlaufen werden müssen.

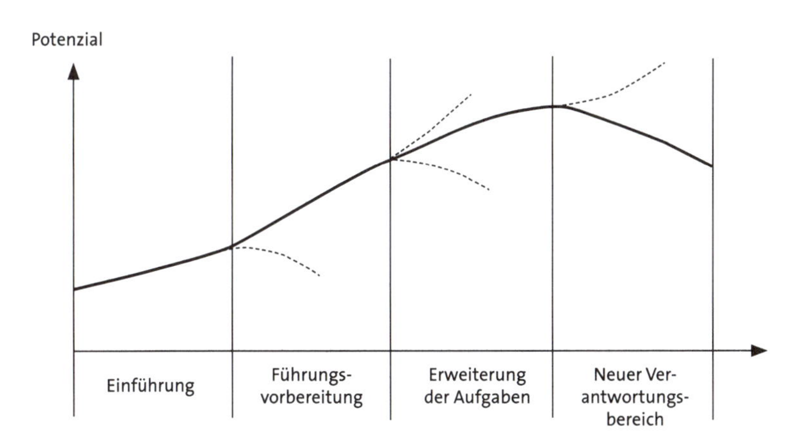

Wenn qualifizierten Mitarbeitern ein attraktives Aufgabenfeld geboten werden kann, hat das sowohl für das Unternehmen als auch für die Mitarbeiter Vorteile:

- Die langfristige Bindung der Mitarbeiter wird gefördert.
- Die Mitarbeiter fühlen sich dem Unternehmen verbunden, das führt zu einer höheren Identifikation und Motivation.
- Das Betriebsklima wird verbessert.
- Den Mitarbeitern ist die langfristige Entwicklung für ihre berufliche und private Planung transparent.
- Die Investitionen in Mitarbeiterqualifikationen zahlen sich langfristig aus.
- Bei einer internen Stellenbesetzung ist der Kandidat bekannt, das verringert die Gefahr von Fehlbesetzungen.
- Die interne Personalbeschaffung ist kostengünstiger.

Bei einem Küchengerätehersteller ist die Vertriebsleitung eine Schlüsselposition, die i. d. R. nur schwer extern besetzt werden kann. Deshalb sind langfristig mehrere Entwicklungsstufen vorgesehen:

- Einstellung nach abgeschlossenem Studium,
- Bewährung als qualifizierter Sachbearbeiter, Produktschulungen,
- Auslandsaufenthalt, Entwicklung neuer Absatzmärkte,
- Bewährung als Abteilungsleiter, Führungsseminare,
- Stellvertretung der Vertriebsleitung,
- Vertriebsleitung.

3.6 Nachfolgeplanung

Tz. 102

berufliche Perspektive

Durch eine erkennbare Möglichkeit, im Unternehmen weiter aufzusteigen, wird Mitarbeitern eine berufliche Perspektive geboten und gleichzeitig die Kontinuität in Führungspositionen sichergestellt.

Wenn bekannt ist (z. B. bei Pensionierung) oder abgeschätzt werden kann, wann Stellen neu besetzt werden müssen, können Mitarbeiter benannt werden, denen langfristig das Potenzial zugetraut wird, diese Positionen erfolgreich auszufüllen. Sie können dann mit perspektivischen Personalentwicklungsmaßnahmen auf die vorgesehenen Herausforderungen vorbereitet werden.

Nachfolgepläne sind vorweggenommene Überlegungen zur Besetzung von vakanten Stellen zu erwarteten Terminen.

4. Personalbeschaffung

Tz. 103

Neubesetzung

Die Personalbeschaffung knüpft an die Personalbedarfsplanung an. Sie hat den Auftrag, freie Stellen neu zu besetzen. Sie setzt den mit der Personalbedarfsplanung ermittelten Personalbedarf quantitativ, qualitativ, zeitlich und örtlich um. Ziel ist die inner- und außerbetriebliche Gewinnung von Mitarbeitern, die für die zu besetzenden Stellen qualifiziert sind.

Personalbeschaffung hat die Aufgabe, die von einem Unternehmen benötigten Arbeitskräfte zu beschaffen, um freie Stellen bedarfsgerecht und kostengünstig zu besetzen.

Andere Bezeichnungen für Personalbeschaffung sind Recruiting, Mitarbeiterakquisition, Personalakquisition und Personalrekrutierung.

Folgende Anforderungen werden an die Personalbeschaffung gestellt:

- Zu jedem Zeitpunkt muss die erforderliche Zahl der Mitarbeiter zur Verfügung stehen.
- Dazu ist eine enge Zusammenarbeit mit allen Unternehmensbereichen erforderlich.
- Die Mitarbeiter müssen auch zukünftigen Anforderungen entsprechen.
- Der Beschaffungsvorgang muss zeitlich angemessen und wirtschaftlich erfolgen.

4.1 Interne Personalbeschaffung

Tz. 104

Bei der internen Personalbeschaffung erfolgt die Stellenbesetzung durch bereits im Unternehmen vorhandene Mitarbeiter. Methoden der internen Personalbeschaffung sind:

Methoden

- **Innerbetriebliche Stellenausschreibung:** Beschäftigte werden auf offene Stellen hingewiesen und aufgefordert, sich zu bewerben.
- **Versetzung:** Mitarbeiter übernehmen bei entsprechender Qualifikation Tätigkeiten in einer anderen Abteilung.
- **Personalentwicklung:** Mitarbeitern werden zusätzliche Qualifikationen vermittelt und Kompetenzen übertragen.

Vorteile	Nachteile
Schnell und kostengünstig	Wenig Auswahlmöglichkeit
Geringes Auswahlrisiko	Gefahr der Betriebsblindheit
Motivation des Mitarbeiters	Geringe Akzeptanz durch Kollegen
Einfache Eingliederung	Bisheriger Stellvertreter erwartet Beförderung
Gehaltsniveau ist bekannt	Gefahr des „Fortlobens“
Bisherige Stellen werden frei	Bisherige Stellen müssen neu besetzt werden
Bindung an das Unternehmen steigt	

4.2 Externe Personalbeschaffung

Tz. 105

Bei der externen Personalbeschaffung erfolgt die Mitarbeitersuche auf dem Arbeitsmarkt außerhalb des Unternehmens:

Möglichkeiten

- **Stellenanzeigen:** In Zeitungen und Zeitschriften können Arbeitsangebote gemacht werden. Fachorgane versprechen verstärktes Interesse.
- **Stellengesuche:** Bewerber schalten Anzeigen in verschiedenen Medien, die gezielt ausgewertet werden können.
- **Internet:** Auf einschlägigen Plattformen können Anzeigen eingestellt und Arbeitsgesuche ausgewertet werden.
- **Arbeitsvermittlung:** Die Agentur für Arbeit und private Vermittler bringen Arbeitssuchende und Arbeitgeber zusammen.
- **Personalberatung:** Spezialisten („Headhunter“) werden beauftragt, gezielt nach geeigneten Bewerbern zu suchen.
- **Messen:** Fachmessen ermöglichen eine gezielte Ansprache von potenziellen Mitarbeitern aus der Branche.
- **Abwerbung:** Gezielte Einwirkung auf den Arbeitnehmer, seine bisherige Tätigkeit aufzugeben. Achtung! Die Aufforderung zum Vertragsbruch ist sittenwidrig.
- **Job- und Ausbildungsmessen:** Ausbildungs- und Arbeitssuchenden können im direkten Kontakt Arbeitsangebote gemacht werden.
- **Hochschulen:** Durch Kontakte zu Universitäten und Fachhochschulen können Unternehmen insbesondere Hinweise auf High Potentials erhalten.
- **Arbeitnehmerüberlassung:** Mit Zeitarbeit und Personalleasing können befristete Arbeitsspitzen abgefangen werden.

Vorteile	Nachteile
Größere Auswahlmöglichkeit	Hohes Auswahlrisiko
Neue Ideen und Impulse können eingebracht werden	Kostenintensiv
Geringe Akzeptanzprobleme	Unternehmensstrukturen sind nicht bekannt
Kein Schulungsbedarf, Kompetenzen sind vorhanden	Hohe Gehaltsforderungen möglich
Andere Arbeitsplätze werden nicht frei	Bisheriger Stellvertreter kann sich übergangen fühlen
Anforderungen können genau erfüllt werden	Betriebsrat kann interne Ausschreibung verlangen

Die in der Prüfung vorgeschlagenen Beschaffungswege müssen zu der Situation passen, die in der Aufgabenstellung beschrieben ist. Es macht z. B. wenig Sinn, einen Lagerarbeiter mithilfe eines Headhunters zu suchen.

5. Personalauswahl

Tz. 106

wirtschaftliche Beschaffung

Mit der Personalauswahl sollen möglichst wirtschaftlich neue Mitarbeiter gefunden werden, die einerseits die geforderte Leistung erbringen können und sich andererseits möglichst konfliktfrei in das Unternehmen eingliedern lassen. Sie ist meistens Ergebnis der Bewertung ganz unterschiedlicher Informationsquellen über eine Person. Ihre Auswahl und Gewichtung richtet sich nach der zu besetzenden Stelle sowie den Interessen und Erfahrungen der Entscheider.

Das Ziel der Personalauswahl besteht darin, auf rationellem Wege Mitarbeiter zu finden, die schnell die erwartete Leistung erbringen und gleichzeitig in das bestehende soziale Umfeld „passen".

5.1 Bewerberanalyse

5.1.1 Bewerbungsunterlagen

Tz. 107

Erwartungen

Am wichtigsten sind bei einer Bewerbung die schriftlichen Bewerbungsunterlagen. Sie sollen das Interesse der Personalverantwortlichen wecken und müssen von den persönlichen und fachlichen Eignungen überzeugen. Für unterschiedliche Berufe bestehen unterschiedliche Erwartungen. Üblicherweise werden vorgelegt:

- Bewerbungsanschreiben,
- Bewerbungsfoto,

Nach dem AGG darf ein Bewerbungsfoto nicht mehr gefordert werden, um Diskriminierungen bei der Vorauswahl zu vermeiden.

- Lebenslauf,
- Zeugniskopien,
- Nachweise über Weiterbildungen und besondere Qualifikationen,
- zusätzlich im konkreten Fall weitere Unterlagen wie Referenzen, Arbeitsproben, polizeiliches Führungszeugnis usw.

Sorgfaltspflichten

Der potenzielle Arbeitgeber muss im Zusammenhang mit den vorliegenden Bewerbungsunterlagen Rechts- und Sorgfaltspflichten beachten:

- Die Unterlagen müssen sorgfältig und sicher aufbewahrt werden.
- Unbefugte Mitarbeiter dürfen keinen Einblick erhalten.
- Die Unterlagen dürfen ohne Zustimmung weder kopiert noch gespeichert werden.
- Eine Rücksendung muss unverzüglich in ordnungsgemäßem Zustand erfolgen.

5.1.2 Bewerbergespräch

Tz. 108

persönliches Gespräch

Nach einer Vorauswahl und der Analyse der Bewerbungsunterlagen wird i. d. R. eine begrenzte Anzahl vielversprechender Bewerbungen von der Personalabteilung an den Fachvorgesetzten weitergeleitet. Dieser entscheidet, welche Bewerber er in einem persönlichen Gespräch kennenlernen möchte. Nach der Analyse der Bewerbungsunterlagen bietet das Bewerbungsgespräch die Möglichkeit, einen eigenen Eindruck zu gewinnen und dadurch die Bewerbungsunterlagen zu bestätigen, zu ergänzen oder zu korrigieren.

- Fehlende Daten und Informationen können erfragt werden.
- Widersprüche können ausgeräumt werden.
- Anhand des Erscheinungsbilds entsteht ein erster Eindruck.
- Erwartungen und Zielvorstellungen können abgeglichen werden.
- Der Bewerber erhält weitergehende Informationen zum Arbeitsplatz.

Teilnehmer

Teilnehmer an dem Gespräch sind auf Unternehmensseite im Regelfall ein Mitarbeiter der Personalabteilung und der unmittelbare Vorgesetzte der ausgeschriebenen Stelle. Sind wichtige Leitungspositionen zu besetzen, können außerdem der Geschäftsführer und ein externer Berater hinzukommen.

Tz. 109

Ein Bewerbergespräch kann nur erfolgreich sein, wenn es sinnvoll vorbereitet ist:

- Die Gesprächsteilnehmer müssen bestimmt und informiert werden.
- Ein geeigneter Raum muss ausgewählt werden. Eine entspannte Atmosphäre ohne Störungen unterstützt ein offenes Gespräch.
- Ausreichend Zeit muss vorgesehen werden. Zeitdruck stört den Gesprächsverlauf.
- Alle erforderlichen Unterlagen müssen zur Verfügung stehen.

Tz. 110

Ablauf

Zunächst wird nochmals die fachliche Eignung des Bewerbers geprüft. Wichtiger ist aber, seine Persönlichkeit kennenzulernen. Erst im direkten Kontakt können seine Einstellungen, Motive und Verhaltensweisen sowie die Interessen, Erwartungen, Ziele und Wünsche festgestellt werden. Vorstellungsgespräche können nach folgendem Muster ablaufen:

- Begrüßung, Dank für die Bewerbung und das Kommen, Begründung des Interesses am Bewerber, Versicherung der Vertraulichkeit, Erläuterung des geplanten Vorgehens;
- Vorstellung der Gesprächspartner und knappe Informationen über die Abteilung oder den Bereich, in dem die Stelle zu besetzen ist;
- Erläuterung des Lebenslaufs durch den Bewerber und Erklärung, warum er sich auf die ausgeschriebene Stelle beworben hat;
- Erläuterungen zum Unternehmen und zu der ausgeschriebenen Stelle, Verdeutlichung der Anforderungen, um herauszufinden, ob der Bewerber die Aufgaben erfüllen kann;
- Der Bewerber erhält die Möglichkeit, Fragen zu dem Unternehmen zu stellen;
- Besprechung der persönlichen und familiären Situation, um z. B. beurteilen zu können, ob der Bewerber irgendwelchen Zwängen (z. B. fehlende Mobilität) unterliegt;
- Klärung offener Fragen, z. B. zu Gehalt, Sozialleistungen, Arbeitszeiten, Nebentätigkeiten;
- Hinweise auf das weitere Vorgehen, Zusage einer baldigen Benachrichtigung, Verabschiedung, Dank für das Gespräch.

Tz. 111

zulässige und unzulässige Fragen

Der Bewerber darf nicht alles gefragt werden, was für das Unternehmen von Interesse ist, auf zulässige Fragen muss er aber wahrheitsgemäß antworten. Falsche Antworten gelten als arglistige Täuschung und der Vertrag kann dann fristlos gekündigt werden. Bei unzulässigen Fragen hat der Bewerber aber das Recht, die Unwahrheit zu sagen. Die nachfolgende Tabelle gibt einen Überblick über wichtige zulässige und unzulässige Fragen:

Frage	Arbeitsrechtlich zulässig	Arbeitsrechtlich nicht zulässig
Beruflicher Werdegang	Ja, uneingeschränkt.	
Frühere Gehaltshöhe	Wenn es sich bei der neuen Stelle um eine vergleichbare Tätigkeit handelt und das frühere Gehalt damit Bedeutung für das künftige Gehalt hat.	Wenn das frühere Gehalt für die künftige Stelle unbedeutend und damit auch keine Verhandlungsgrundlage ist.
Schwerbehinderung	Ja, uneingeschränkt.	
Chronische Krankheiten	Wenn an der Kenntnis ein Interesse besteht, weil - die vorgesehene Tätigkeit eingeschränkt wird. - eine Gefährdung von Kollegen oder Geschäftspartnern besteht.	
Schwangerschaft	Nur ausnahmsweise, wenn die Schwangere die vereinbarte Tätigkeit nicht erbringen kann, z. B. als Sportlehrerin, Mannequin oder bei einem Berufsverbot für Schwangere.	Die Frage ist i. d. R. nicht zulässig aufgrund eines Urteils des Europäischen Gerichtshofs von 1990 und einem daraus folgenden Spruch des Bundesarbeitsgerichts.
Vermögensverhältnisse	Bei Mitarbeitern der höheren Hierarchieebenen und Mitarbeitern, die in einem besonderen Vertrauensverhältnis zum Arbeitgeber stehen.	Bei Mitarbeitern der unteren und mittleren Hierarchieebenen.
Vorstrafen	Wenn sie etwas mit der künftigen Arbeit zu tun haben.	Wenn kein berechtigtes Interesse des Arbeitgebers vorliegt.
Politische Zugehörigkeit	Nur bei parteipolitisch gebundenen Arbeitgebern.	Nicht erlaubt.
Religiöse Zugehörigkeit	Nur bei konfessionell gebundenen Arbeitgebern.	Nicht erlaubt.
Gewerkschaftszugehörigkeit	Nur bei Tendenzbetrieben.	Nicht erlaubt.
Sexuelle Vorlieben	Nicht erlaubt.	Nicht erlaubt.

Offenbarungspflicht

Andererseits hat der Bewerber in bestimmten Fragen eine Offenbarungspflicht, d. h. er muss, auch ohne danach gefragt zu werden, selbst z. B. darauf aufmerksam machen, wenn

- er absehen kann, dass er zum Zeitpunkt des vorgesehenen Eintrittstermins krank oder in Kur sein wird;
- eine Schwangerschaft vorliegt und die vereinbarte Arbeitsleistung nicht erbracht werden kann;
- er durch eine Behinderung die vereinbarte Arbeitsleistung nicht erbringen kann;
- der Bewerber zum Zeitpunkt des anvisierten Eintrittstermins einem Wettbewerbsverbot unterliegt.

5.2 Instrumente der Personalauswahl

Tz. 112

Zur Unterstützung der Entscheidung über die Einstellung können weitere Auswahlinstrumente wie Arbeitsproben, Referenzen, Schriftanalysen, ärztliche Eignungsuntersuchungen und Tests herangezogen werden.

5.2.1 Einstellungstest

Tz. 113

Das Bewerbergespräch kann durch Testverfahren erweitert werden, um spezifische zusätzliche Informationen zu Motivation, Leistungsvermögen, Leistungsbereitschaft sowie Kompetenzen und Potenzial von Bewerbern zu erhalten. Zu diesen Verfahren zählen – je nach zu besetzender Stelle unterschiedlich – Assessment-Center, psychologische Testverfahren, Fragebögen, Interviews, Dokumentenanalysen und Arbeitsproben.

Voraussetzungen

Bei allen Testverfahren gelten folgende Bedingungen:

- Der Bewerber muss ein typisches Verhalten zeigen können.
- Bei allen Bewerbern müssen dieselben Verfahren angewandt werden.
- Die Verfahren müssen zuverlässig messen können.

Bewerber müssen grundsätzlich den Testverfahren zustimmen.

5.2.2 Fragebogen

Tz. 114

Manche Unternehmen verlangen von Bewerbern, einen Personalfragebogen auszufüllen. Wichtige Daten wie Angaben zur Person, Abschlüsse, beruflicher Werdegang und spezielle Kenntnisse sollen damit systematisch und einfach ausgewertet werden können. Die Papierform ist weitgehend abgelöst, verbreitet sind aber elektronische Erfassungen im Rahmen eines E-Recruitings.

5.2.3 Assessment-Center

Tz. 115

Ziele

Ein teures, aber informatives Testverfahren ist das Assessment-Center, mit dem Sozialkompetenz, systematisches Denken und Handeln, Aktivität und Ausdrucksmöglichkeiten festgestellt werden sollen.

Dazu werden i. d. R. zwischen acht und zwölf Bewerber eingeladen, die ein meist ein- oder zweitägiges Prüfverfahren durchlaufen. Sie werden mit Situationen und Problemen konfrontiert, die sie allein oder in Gruppenarbeit bewältigen müssen. Weil die Kandidaten dabei unter Zeitdruck stehen, können sich die Beobachter ein Bild davon machen, wie die potenziellen Mitarbeiter unter Stress agieren. Gerade die Arbeit in Gruppen verdeutlicht neben der Problemlösungs- und Entscheidungsfähigkeit insbesondere das Führungs- und Sozialverhalten der Bewerber.

Tz. 116

Methoden

Elemente in einem Assessment-Center sind z. B.:

- Postkorb-Übung zum Zeit- und Selbstmanagement, bei der Bewerber unter Zeitdruck die Eingangspost einer Führungskraft bearbeiten und dabei zwischen wichtigen und unwichtigen Vorgängen unterscheiden müssen;
- Anfertigen eines Referats oder Verfassen eines Aufsatzes zu einem vorgegebenen Thema (mit oder ohne Hintergrundmaterial);
- Gruppendiskussionen mit Einigungszwang, oft zu einem in der Öffentlichkeit kontrovers geführten Thema;
- Rollenspiel, z. B. ein Beurteilungsgespräch mit einem permanent unpünktlichen Mitarbeiter;
- Einzelinterviews;

- Einzelpräsentationen;
- Beobachtung des geselligen Verhaltens in den Pausen und am Abend;
- Gruppenaufgaben.

Die Teilnehmer werden in Gruppen eingeteilt. Jede Gruppe erhält einen Bogen Karton, Klebstoff und eine Schere. Die Aufgabe besteht darin, gemeinsam eine Brücke mit einer möglichst großen Spannweite zu bauen. Dabei lässt sich beobachten, wer Entscheidungen trifft, wer nur ausführend tätig ist, wer Unterstützung anbietet usw.

Das Assessment-Center ist häufig Thema in der Prüfung. Sie müssen daher nicht nur die Rahmenbedingungen kennen, sondern auch einzelne Aufgabenstellungen skizzieren können.

5.3 Auswahlentscheidung

Tz. 117

Am Ende des Auswahlprozesses entscheiden i. d. R. der zukünftige Vorgesetzte und ein Vertreter der Personalabteilung, welcher der Bewerber für diese Stelle am besten geeignet ist. Der Vorgesetzte achtet dabei vor allem auf die fachlichen und sozialen Kompetenzen des Bewerbers, die arbeitsrechtlichen und personalpolitischen Gesichtspunkte werden von der Personalabteilung bewertet.

Der Bewerber erhält – falls erforderlich, nach Zustimmung des Betriebsrats (§ 99 BetrVG) – die Zusage. Die abgelehnten Interessenten sollten unverzüglich informiert werden, ihre Bewerbungsunterlagen erhalten sie zurück.

5.4 Arbeitsvertrag

Tz. 118

Dienstvertrag

Ein Arbeitsverhältnis wird durch Abschluss eines Arbeitsvertrags begründet. Dabei handelt es sich um einen Dienstvertrag gem. § 611 ff. BGB, eine eigene Regelung für den Arbeitsvertrag gibt es nicht.

- Der Arbeitnehmer verpflichtet sich darin zur persönlichen Leistung der versprochenen Dienste. Er ist in die Arbeitsorganisation eingegliedert und unterliegt den Weisungen des Arbeitgebers bezüglich Arbeitsinhalt, Art der Durchführung, Zeit und Ort der Tätigkeit.
- Der Arbeitgeber verpflichtet sich, den Arbeitnehmer zu beschäftigen die dafür vereinbarte Vergütung zu zahlen.

Tz. 119

Formen

Bei der Gestaltung des Arbeitsvertrags sind die Beteiligten weitgehend frei:

- Ein Arbeitsvertrag ist formfrei, er kann also schriftlich, mündlich oder stillschweigend geschlossen werden. Das Nachweisgesetz (NachwG) bestimmt aber seit 1995, dass der Arbeitgeber die wesentlichen Bedingungen schriftlich niederlegen, unterzeichnen und aushändigen muss.
- Der Arbeitsvertrag kann befristet oder unbefristet geschlossen werden. Bei einer Befristung des Arbeitsvertrags ist die Schriftform im Teilzeit- und Befristungsgesetz (§ 14 Abs. 4 TzBfG) vorgeschrieben.
- Die inhaltliche Ausgestaltung unterliegt keinen Vorgaben, lediglich der gesetzliche Mindeststandard darf nicht unterschritten werden. Arbeitsentgelt, Urlaubsregelungen, Arbeitszeit und Arbeitsort können grundsätzliche frei ausgehandelt werden. Allerdings bestehen zahlreiche Einschränkungen durch Gesetze, Tarifverträge und Richterrecht.

1.) Welche Gruppen wirken am Personalmanagement mit?

Neben dem Mitarbeiter selbst wirken die Unternehmensleitung, die direkten Vorgesetzten, die Personalabteilung und der Betriebsrat am Personalmanagement mit (Tz. 84).

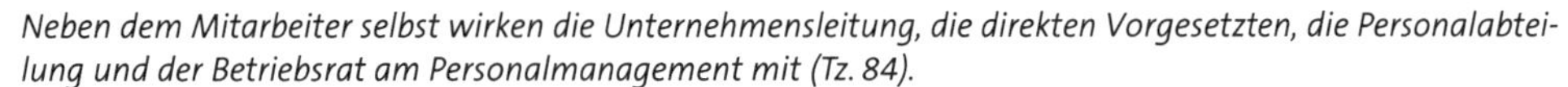

2.) Welche Bereiche umfasst die Personalführung?

Personalplanung, Personalentwicklung, Personalkommunikation, Zusammenarbeit mit dem Betriebs- oder Personalrat (Tz. 87)

3.) Welche Arten der Personalbindung sind Ihnen bekannt?

Emotionale Bindung, kalkulative Bindung, normative Bindung, qualifikationsorientierte Bindung (Tz. 88)

4.) Welche Maßnahmen könnten Unternehmen ergreifen, um ihre Fachkräfte zu binden?

Flexible Arbeitszeitmodelle, Vereinbarkeit von Beruf und Familie fördern, aktive Laufbahnplanung installieren, Freizeitangebote machen, Betriebsklima gezielt fördern (Tz. 89)

5.) Wie wird der Nettopersonalbedarf festgestellt?

	Vorhandene Stellen
+	*Neue Stellen*
-	*Entfallende Stellen*
-	*Aktuell besetzte Stellen*
-	*Feststehende Zugänge*
+	*Feststehende Abgänge*
+	*Wahrscheinliche Abgänge*
=	*Nettopersonalbedarf*

(Tz. 92)

6.) Welche Arten des Personalbedarfs werden unterschieden?

Neu-, Mehr-, Ersatz-, Nachhol-, Reserve-, Zusatz- und Minderbedarf (Tz. 93)

7.) Worin liegt der wesentliche Unterschied zwischen qualitativer und quantitativer Planung?

Die qualitative Personalplanung hat zum Ziel, die personellen Anforderungen des Unternehmens mit den Qualifikationen der Mitarbeiter in Übereinstimmung zu bringen (Tz. 94). Die quantitative Personalplanung soll den zukünftigen Nettopersonalbedarf ausgleichen (Tz. 92 ff.).

8.) Wie wird die Kennzahl „Fluktuationsquote" berechnet?

$$\text{Fluktuationsquote} = \frac{\text{Personalabgänge}}{\text{Durchschnittlicher Personalbestand}} \cdot 100$$

(Tz. 95)

9.) Wodurch unterscheiden sich der Stellenplan und der Stellenbesetzungsplan?

Der Stellenplan enthält alle (auch unbesetzte) Stellen. Er hat einen Soll-Charakter (Tz. 98). Der Stellenbesetzungsplan zeigt, welche Personen die Stellen besetzen und kann zusätzlich weitere Informationen enthalten (Tz. 99).

10.) Welche Vorteile hat eine interne Stellenbeschaffung?

Schnell, kostengünstig, Auswahlrisiko gering, hohe Motivation des Mitarbeiters, einfache Eingliederung, Gehaltsniveau ist bekannt (Tz. 104)

11.) Welche Möglichkeiten der externen Personalbeschaffung kennen Sie?

Stellenanzeigen, Stellenauswertung, Bundesagentur für Arbeit, Personalleasing, Personalberater/Headhunter, Jobmessen, persönliche Kontakte, usw. (Tz. 105)

12.) Wie kann der typische Ablauf eines Bewerbungsgesprächs sein?

- *Begrüßung, Aufwärmphase (Vorstellung des Unternehmens, Beschreibung der vakanten Stelle)*
- *Vorstellung des Bewerbers (Berufliche Entwicklung und Erfahrung)*
- *Besprechung der Konditionen*
- *Klärung noch offener Fragen*
- *Abschluss, Ausblick*

(Tz. 110)

13.) Welche Verfahren zur Personalauswahl kennen Sie?

Z. B. Bewerbungsunterlagen auswerten, Assessment-Center, Vorstellungsgespräch, Personalfragebögen, Einstellungstests (Tz. 112 ff.)

14.) Welches Gesetz enthält die Bestimmungen zum Arbeitsvertrag?

Es gibt kein Arbeitsgesetz oder Arbeitsgesetzbuch. Der Arbeitsvertrag ist ein Dienstvertrag gem. § 611 ff. BGB (Tz. 118 f.).

IV. Planen und Steuern des Personaleinsatzes

Tz. 120

Die Eigliederung der Beschäftigten in den Arbeitsprozess wird als Personaleinsatz bezeichnet. Die Anforderungen des Unternehmens und die Interessen und Möglichkeiten der Beschäftigten sollen in Übereinstimmung gebracht werden. Dabei sind erwartete Über- und Unterdeckungen zu berücksichtigen.

vier Bereiche

Die Personalplanung umfasst traditionell vier Bereiche, die aber im Rahmenplan unterschiedlich gewichtet sind:

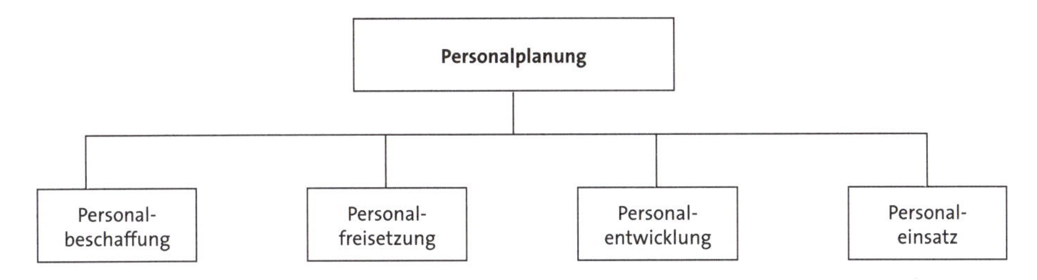

1. Operative Personaleinsatzplanung

Tz. 121

Planung ist die systematische gedankliche Vorwegnahme zukünftiger Entscheidungen.

Planung

Die Personaleinsatzplanung regelt die Zuordnung der Beschäftigten zu bestimmten Tätigkeitsbereichen und zu den gegebenen Arbeitsplätzen in quantitativer, qualitativer und zeitlicher Hinsicht.

Die operative Personaleinsatzplanung befasst sich mit der konkreten Festlegung der Aufgaben und der Arbeitszeiten der verfügbaren Mitarbeiter:

- Zusammenstellung von Teams,
- Sicherung der notwendigen quantitativen Arbeitsleistung,
- Bereitstellung von Reservekapazitäten für Ausfallzeiten, z. B. Krankheit, Urlaub u. Ä.,
- Berücksichtigung von persönlichen Interessen, z. B. bei den Arbeitszeiten,
- Berücksichtigung von gesetzlichen Vorschriften und betrieblichen Vereinbarungen.

Das Personal muss
- in der erforderlichen Anzahl,
- mit den notwendigen Qualifikationen,
- zur richtigen Zeit,
- am richtigen Ort

zur Verfügung stehen.

1.1 Schichtpläne

Tz. 122

Im Schichtbetrieb werden Arbeitnehmer zeitlich versetzt nacheinander an derselben Arbeitsstelle eingesetzt. Dadurch kann auch außerhalb der üblichen Tagesarbeitszeit länger gearbeitet werden. Schichtpläne beschreiben, wie die Mitarbeiter während der ausgedehnten Betriebszeit eingesetzt werden sollen. Dabei sind die Vorgaben des Arbeitszeitgesetzes und Vereinbarungen mit dem Betriebsrat zu beachten.

Arten von Plänen

Die Pläne können einen festen oder einen flexiblen Rhythmus vorsehen:

	Fester Rhythmus	Flexibler Rhythmus
Vorteile	Gerechte Arbeitsverteilung	Mitarbeiterwünsche realisierbar
Nachteile	Mitarbeiterwünsche schwer realisierbar	Gerechte Verteilung schwierig
Beispiele	Callcenter, Abschleppdienste	Pflegedienste, Hotels

Beide Verfahren können auch kombiniert werden. Eine feste Regelung gilt dann für die unbedingt notwendige Besetzung, weitere Personen werden ergänzend ohne festen Zyklus eingeplant.

1.2 Vertretungspläne

Tz. 123

Durch Vertretungspläne wird festgelegt, wer bei Abwesenheit eines Mitarbeiters dessen Arbeit übernimmt. Die Vertretung wird in der Stellenbeschreibung festgelegt, damit eine kompetente Vertretung auch bei kurzfristiger Verhinderung problemlos möglich ist.

1.3 Schutzgesetze

Tz. 124

kein Arbeitsgesetzbuch

Die Vorschriften zum Schutz der Arbeitnehmer finden sich in unterschiedlichen Gesetzen, ein zusammenfassendes Arbeitsgesetzbuch gibt es nicht.

1.3.1 Arbeitsschutzgesetz

Tz. 125

Vorsorgemaßnahmen

Das Arbeitsschutzgesetz regelt die **allgemeinen Arbeitsbedingungen**, insbesondere präventive Maßnahmen, um Gefahren vorzubeugen. Nach § 5 Abs. 3 ArbSchG kann sich eine Gefährdung insbesondere ergeben durch

- die Gestaltung und die Einrichtung der Arbeitsstätte und des Arbeitsplatzes;
- physikalische, chemische und biologische Einwirkungen;
- die Gestaltung, die Auswahl und den Einsatz von Arbeitsmitteln, insbesondere von Arbeitsstoffen, Maschinen, Geräten und Anlagen sowie den Umgang damit;
- die Gestaltung von Arbeits- und Fertigungsverfahren, Arbeitsabläufen und Arbeitszeit sowie deren Zusammenwirken;
- unzureichende Qualifikation und Unterweisung der Beschäftigten.

1.3.2 Jugendarbeitsschutzgesetz

Tz. 126

Schutz vor Überlastung

Das Jugendarbeitsschutzgesetz soll arbeitende Kinder und Jugendliche vor Überlastung schützen.

- **Kinderarbeit** ist grundsätzlich verboten. Leichte und geeignete Arbeiten sind für Kinder ab 13 Jahren ausnahmsweise zugelassen, wenn sie auf zwei Stunden täglich bzw. zehn Stunden wöchentlich begrenzt werden.
- Das **Mindestalter** für eine Beschäftigung beträgt grundsätzlich 15 Jahre. Ausnahmen existieren für Arbeiten in der Landwirtschaft und als Zeitungsausträger.
- Die **Arbeitszeit** darf nur zwischen 6 und 20 Uhr liegen. Begrenzte Ausnahmen gibt es z. B. für Bäckereien und kulturelle Veranstaltungen.
- **Sonntagsarbeit** ist nur in wenigen festgelegten Bereichen (z. B. in Krankenhäusern und im Schaustellergewerbe) zulässig.
- Die Unterrichtszeit in der **Berufsschule** wird auf die Arbeitszeit angerechnet.
- **Akkordarbeiten** und gefährliche Arbeiten sind – bei engen Ausnahmen im Rahmen der Berufsausbildung – verboten.
- Die **Wochenarbeitszeit** ist auf 40 Stunden bei einer Fünf-Tage-Woche beschränkt, Mehrarbeit ist verboten.
- Der **Mindesturlaub** beträgt – je nach Alter – 25 bis 30 Werktage.

1.3.3 Mutterschutzgesetz

Tz. 127

Mütter und werdende Mütter sollen vor Gefährdungen, Überforderung und Gesundheitsschädigung am Arbeitsplatz geschützt werden.

Schutz vor gesundheitlicher Gefährdung

- Werdende Mütter dürfen sechs Wochen vor und acht Wochen nach der Geburt nicht beschäftigt werden.
- Akkord-, Fließband-, Mehr-, Sonntags- und Nachtarbeit sind für werdende Mütter verboten.
- Während der Schwangerschaft und vier Monate nach der Entbindung ist eine Arbeitgeberkündigung (bis auf wenige Ausnahmen) unzulässig.

Zum Ausgleich von finanziellen Nachteilen wird ein Mutterschaftsgeld gezahlt (§ 4 SGB V). Auch über die Zeit des Mutterschutzes hinaus kann Elterngeld und Betreuungsgeld beantragt werden (BEEG).

1.3.4 Schwerbehindertengesetz

Tz. 128

Im SGB X sind „Besondere Regelungen zur Teilhabe schwerbehinderter Menschen (Schwerbehindertenrecht)" im Arbeitsleben festgelegt.

Teilhabe am Arbeitsleben ermöglichen

- **Beschäftigungspflicht:** In Unternehmen mit mindestens 20 Arbeitsplätzen müssen auf mindestens 5 % der Arbeitsplätze schwerbehinderte Menschen beschäftigt werden.
- **Behinderungsgerechte Beschäftigung:** Schwerbehinderte in einem bestehenden Arbeitsverhältnis haben Anspruch auf eine behinderungsgerechte Beschäftigung (§ 81 Abs. 4 SGB IX).
- **Kündigungsschutz:** Schwerbehinderten Personen kann nur mit Zustimmung des Integrationsamts gekündigt werden.
- **Zusatzurlaub:** Schwerbehinderte erhalten zusätzlichen bezahlten Urlaub von einer Arbeitswoche im Kalenderjahr (§ 125 SGB IX).
- **Diskriminierungsverbot:** Wenn eine Benachteiligung eines schwerbehinderten Menschen vermutet werden kann, wird die Beweislast zulasten des Arbeitgebers umgekehrt.

1.3.5 Arbeitszeitgesetz

Tz. 129

Durch die Gestaltung der Arbeitszeit sollen die Sicherheit und der Gesundheitsschutz für die Arbeitnehmer gewährleistet werden. Von den grundsätzlichen Regelungen gibt es allerdings zahlreiche Ausnahmen.

Vgl. dazu ausführlich Tz. 262 f.

1.3.6 Bundesurlaubsgesetz

Tz. 130

Jeder Arbeitnehmer hat Anspruch auf bezahlten Erholungsurlaub (§ 1 BUrlG). Der Mindesturlaub beträgt bei einer Sechs-Tage-Woche mindestens 24 Werktage, bei einer Fünf-Tage-Woche mindestens 20 Arbeitstage im Kalenderjahr.

Erholungsurlaub

Das Urlaubsentgelt richtet sich nach dem durchschnittlichen Arbeitsverdienst der letzten 13 Wochen vor Beginn des Urlaubs.

1.4 Tarifrechtliche Vorschriften

Tz. 131

Neben den Schutzgesetzen sind gegebenenfalls tarifrechtliche Vorschriften zu beachten.

Tarifverträge sind Kollektivverträge, die zwischen einzelnen Arbeitgebern oder Arbeitgeberverbänden und Gewerkschaften geschlossen werden, um die Beziehungen zwischen Arbeitgebern

Mindeststandards

und Arbeitnehmern zu regeln. Für den Arbeitgeber stellen sie verbindliche Mindeststandards dar, für die Arbeitnehmer haben sie entsprechend eine Schutzfunktion.

Tarifverträge enthalten z. B. Bestimmungen zu

- Arbeitsentgelt,
- Arbeitszeit,
- Urlaubsanspruch,
- Abschluss von Arbeitsverhältnissen,
- Kündigung von Arbeitsverhältnissen,
- Friedens- und Einwirkungspflichten,
- Laufzeiten.

2. Personalbetreuung und -verwaltung

Tz. 132

drei Bereiche

Die Aufgaben der Personalverwaltung beziehen sich auf drei wesentliche Bereiche:

	Beispiele
Verwaltung	- Erfassung der persönlichen Daten - Erstellung von Formularen - Führen von Personalakten
Kontinuierliche Erfassungen	- Zahl der Mitarbeiter - Krankenstand - Fluktuation
Meldepflichten	- Freie Stellen - Lohnsteueranmeldung - Meldungen an Sozialversicherungsträger - Massenentlassungen

2.1 Personalinformationssysteme

Tz. 133

persönliche Daten

Mit computergestützten Personalinformationssystemen werden die persönlichen Daten der Mitarbeiter erfasst, gespeichert, gepflegt, analysiert und aufbereitet. Dazu gehören z. B.:

- Verwaltung der Stammdaten der Mitarbeiter,
- Bearbeitung tatsächlicher Zu- und Abgänge (Fluktuation),
- Personalplanung,
- Personalberichterstattung,
- Arbeitszeiterfassung,
- Mitarbeiterbeurteilung,
- Aus- und Weiterbildungsmaßnahmen,
- Lohn- und Gehaltsabrechnung.

2.2 Berichtssysteme

Tz. 134

wiederkehrende Daten

Kennzeichnend für ein Berichtssystem ist die periodisch wiederkehrende Aufbereitung von Daten, die zu Planungs- und Kontrollzwecken genutzt werden. Unterschieden werden:

- **Routineberichterstattung:** Die Daten werden regelmäßig zu festgelegten Zeitpunkten zusammengestellt.
- **Bedarfsberichterstattung:** Die Berichte werden auf besondere Anforderung hin verfasst.
- **Ausnahmeberichterstattung:** Die Berichte werden in besonderen Fällen erstellt, z. B. bei wesentlichen Abweichungen.

Für die Erstellung der Berichte gelten folgende Grundsätze:

- **Konzentration:** Die Daten sollen sich auf die wichtigsten Werte konzentrieren, die den Erfolg oder die Probleme der Personalarbeit am besten abbilden.
- **Pyramide:** Die Struktur der Berichte muss die notwendigen Informationen für alle Teilbereiche des Unternehmens erkennbar und verwertbar enthalten.
- **Verantwortlichkeit:** Abweichungen müssen soweit erklärbar sein, dass sie den verantwortlichen Führungskräften zugeordnet werden können.

2.3 Datenschutz

Tz. 135

personenbezogene Daten

Der Datenschutz ist nicht allein wegen gesetzlicher Vorschriften zu beachten, er zeigt auch die Wertschätzung gegenüber den Mitarbeitern. In der Personalverwaltung liegen umfangreiche personenbezogene Daten vor, die besonders sensibel zu behandeln sind, z. B.:

- Name,
- Geburtsdatum,
- Familienstand,
- Personalausweisnummer,
- Anschrift,
- Telefonnummer,
- E-Mail-Adresse,
- Sozialversicherungsnummer,
- Kontonummer,
- Kreditkartennummer,
- Bildungsstand,
- besondere Kenntnisse.

Besonders schutzwürdig sind nach § 3 Abs. 9 BDSG Angaben über:

- ethnische Herkunft,
- Gewerkschaftszugehörigkeit,
- politische Meinung,
- Gesundheit,
- religiöse Überzeugung,
- sexuelle Orientierung.

2.4 Mitbestimmungsrechte

Tz. 136

Betriebsverfassungsgesetz

Bei Personalfragen hat der Betriebsrat unterschiedlich starke Mitwirkungsrechte, die im Betriebsverfassungsgesetz geregelt sind:

Informationsrecht	Einstellung von leitenden Angestellten	§ 105 BetrVG
Vorschlagsrecht	Personalplanung	§ 92 BetrVG
Anhörungsrecht	Vor jeder Kündigung	§ 102 BetrVG
Zustimmungsverweigerungsrecht	Personelle Einzelmaßnahmen bei Einstellungen und Versetzungen	§ 99 BetrVG
Mitbestimmungsrecht	Richtlinien zur Personalauswahl bei Einstellungen und Kündigungen	§ 95 BetrVG
	Soziale Angelegenheiten: - Fragen der Ordnung des Betriebs - Beginn und Ende der täglichen Arbeitszeit - Auszahlung der Arbeitsentgelte - Allgemeine Urlaubsgrundsätze - Einsatz von Überwachungseinrichtungen - Verhütung von Arbeitsunfällen - Verhütung von Berufskrankheiten - Sozialeinrichtungen - Akkord- und Prämiensätze - Betriebliche Vorschlagswesen	§ 87 BetrVG
	Personalfragebogen und Beurteilungsgrundsätze	§ 94 BetrVG
	Menschengerechte Gestaltung der Arbeit	§ 91 BetrVG
	Betriebliche Berufsbildung	§ 97 BetrVG
	Betriebliche Bildungsmaßnahmen	§ 98 BetrVG
	Sozialplan	§ 112 BetrVG

1.) Stellen Sie die Ziele der Personalplanung dar.
Mitarbeiter sollen

- *in der richtigen Zahl,*
- *mit dem richtigen Wissen und Können,*
- *zum richtigen Zeitpunkt,*
- *am richtigen Ort,*

zur Verfügung stehen (Tz. 121).

2.) Welche wichtigen Schutzgesetze müssen bei der Personaleinsatzplanung beachtet werden?
Arbeitsschutzgesetz, Jugendschutzgesetz, Mutterschutzgesetz, Schwerbehindertengesetz, Arbeitszeitgesetz, Bundesurlaubsgesetz (Tz. 124 ff.).

3.) Welche Einschränkungen müssen bei der Beschäftigung werdender Mütter beachtet werden?
Werdende Mütter dürfen sechs Wochen vor (und acht Wochen nach) der Geburt nicht beschäftigt werden. Akkord-, Fließband-, Mehr-, Sonntags- und Nachtarbeit sind für werdende Mütter verboten (Tz. 127).

4.) In welchem Umfang müssen schwerbehinderte Menschen mindestens beschäftigt werden?
In Unternehmen mit mindestens 20 Arbeitsplätzen müssen auf mindestens 5 % der Arbeitsplätze schwerbehinderte Menschen beschäftigt werden (Tz. 128).

5.) Wie lässt sich ein Personalinformationssystem skizzieren?
Mit einem Personalinformationssystem werden die persönlichen Daten der Mitarbeiter erfasst, gespeichert, gepflegt, analysiert und aufbereitet (Tz. 133).

6.) Kann der Betriebsrat eine ordentliche Kündigung eines Mitarbeiters verhindern?
Nein, der Betriebsrat hat lediglich ein Anhörungsrecht (Tz. 136).

7.) Neben dem „echten“ Mitbestimmungsrecht hat der Betriebsrat weitere Rechte. Welche kennen Sie?
Informationsrecht, Vorschlagsrecht, Anhörungsrecht, Zustimmungsverweigerungsrecht (Tz. 136).

V. Situationsgerechte Führungsmethoden

Tz. 137

Personalführung hat zum Ziel, die Mitarbeiter entsprechend ihren Fähigkeiten und Wünschen einzusetzen. Sie sollen sich mit ihrer Aufgabe identifizieren können, die aus den Unternehmenszielen abgeleitet wird.

Personalführung ist die gezielte Beeinflussung von Verhaltensweisen der Mitarbeiter durch Vorgesetzte.

MERKE

Einflüsse auf den Führungsstil

Weder in einem Unternehmen noch durch eine Person lässt sich in allen Situationen derselbe Führungsstil vorstellen. Er wird im Einzelfall abhängig sein von der Persönlichkeit des Vorgesetzten, den Persönlichkeiten der Mitarbeiter und nicht zuletzt vom Entscheidungsgegenstand.

ABB. 5: Determinanten des Führungsstils

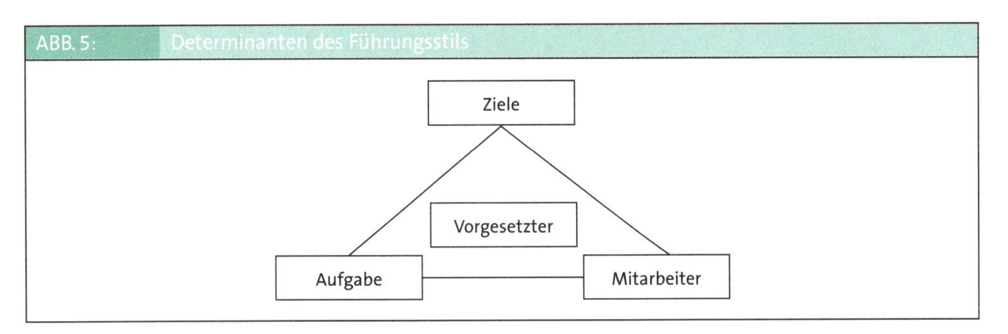

Tz. 138

Aufgaben- und Mitarbeiterorientierung

Führungskräfte können sich bei ihren Entscheidungen unterschiedlich stark an der notwendigen Erledigung von Aufgaben und an den Bedürfnissen der Mitarbeiter orientieren:

- Bei der **Aufgabenorientierung** stehen klare Ziele, die Organisation der Arbeitsaufgaben, die Regelung von Verantwortlichkeiten, die Kontrolle aller Arbeitsschritte und die Planung zukünftiger Maßnahmen im Vordergrund. Die Führungskraft sieht ihre hauptsächliche Aufgabe darin, die Erreichung der vorgegebenen Unternehmensziele sicherzustellen. Die Mitarbeiter werden dabei als Aufgabenträger gesehen, tendenziell besteht der Anspruch einer hohen Leistung der Mitarbeiter.
- Bei der **Mitarbeiterorientierung** (Beziehungsorientierung) stehen die Bedürfnisse und Erwartungen der Mitarbeiter im Vordergrund. Die Führungskräfte schaffen die Voraussetzungen für Zufriedenheit, indem sie Mitarbeiter in Entscheidungsprozesse einbeziehen und sie bei der Erreichung ihrer persönlichen und beruflichen Ziele unterstützen. Vorgesetzte fördern die Motivation ihrer Mitarbeiter und bemühen sich, gute menschliche Beziehungen aufzubauen. Tendenziell wird eine hohe Arbeitszufriedenheit angestrebt.

Tz. 139

Durch die Darstellung in den sog. „Ohio State Leadership Quadranten“ werden die Zusammenhänge deutlich:

idealtypische Führungsstile

ABB. 6: Ohio State Leadership Quadrant

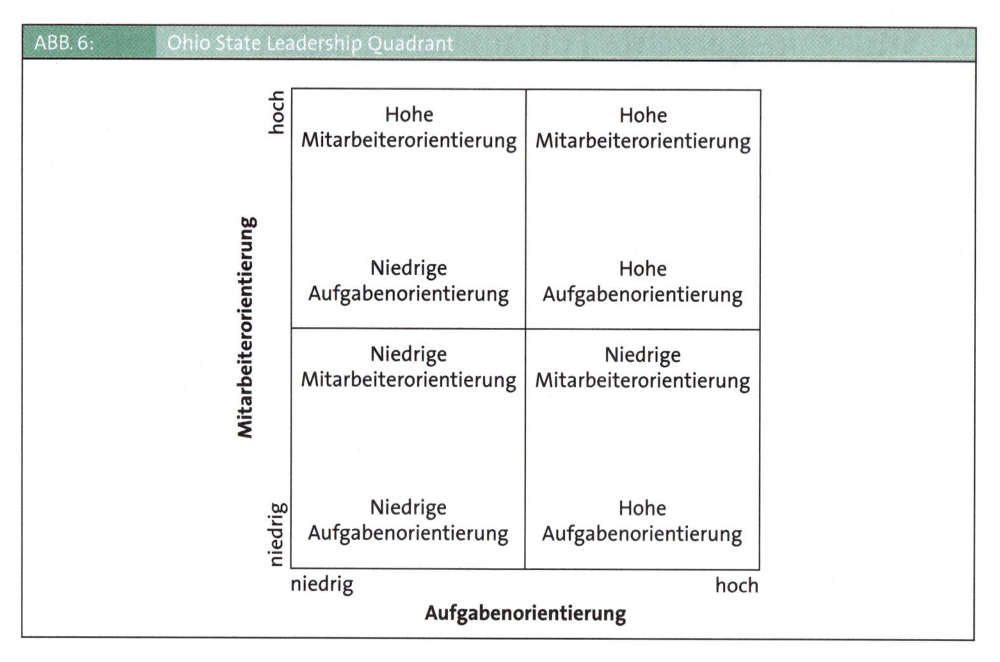

Die unterschiedliche Berücksichtigung der beiden Aspekte führt zu sog. ein- oder mehrdimensionalen idealtypischen Führungsstilen.

1. Führungsstile

Tz. 140

Verhaltensmuster von Vorgesetzten

Der Führungsstil ist ein typisches und dauerhaftes Verhaltensmuster von Vorgesetzten gegenüber einzelnen Untergebenen und Gruppen, um ihre Aufgaben bewältigen zu können. Er ist eine Kombination aus verschiedenen Verhaltenskomponenten:

1. Beziehungen zwischen den beteiligten Personen,
2. Aufgaben, Ressourcen, Regeln und Strukturen,
3. Maßstäbe für den Erfolg wie Qualität, Kosten, Zuverlässigkeit.

Der Führungsstil bezeichnet, wie eine Führungsperson die Führung gestaltet. Er ist geprägt von der Persönlichkeit und ihren menschlichen Eigenschaften.

Führungsstile werden nach unterschiedlichen Kriterien eingeteilt:

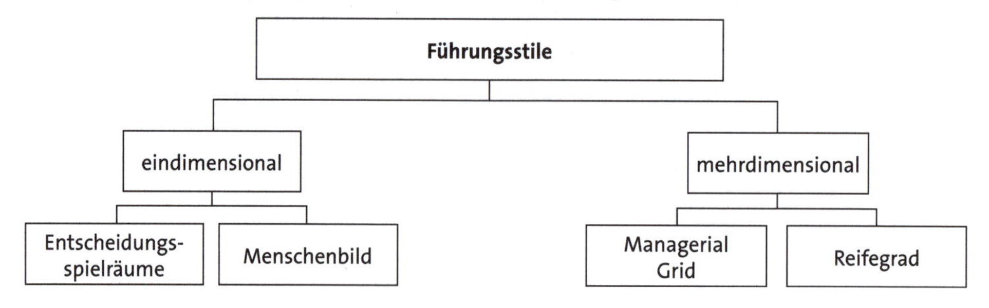

1.1 Eindimensionale Führungsstile

1.1.1 Entscheidungsspielräume

Tz. 141

Führungsstile können idealtypisch nach dem Umfang der Teilnahme der Vorgesetzten und der Mitarbeiter an Entscheidungsprozessen unterschieden werden:

Teilnahme am Entscheidungsprozess

Willensbildung bei Mitarbeitern / Willensbildung beim Vorgesetzten						
... autoritär	... patriarchalisch	... informierend	... beratend	... kooperativ	... partizipativ	... demokratisch

klassische Führungsstile

autoritär	Vorgesetzter entscheidet allein, setzt seine Vorstellungen notfalls mit Zwang durch.
patriarchalisch	Vorgesetzter entscheidet und setzt seine Interessen mit Manipulation durch. Der Führungsanspruch ist mit Treue- bzw. Versorgungspflichten verknüpft.
informierend	Vorgesetzter entscheidet und setzt sich durch Überzeugung durch.
beratend	Vorgesetzter informiert und erwartet Meinungsäußerungen der Mitarbeiter.
kooperativ	Vorgesetzter wählt aus Vorschlägen aus, die von den Mitarbeitern gemacht werden.
partizipativ	Mitarbeiter entscheiden selbstständig im vereinbarten Rahmen.
demokratisch	Mitarbeiter entscheiden autonom, Vorgesetzter fungiert lediglich als Koordinator.

Die Führungsstile, die Entscheidungsspielräume beschreiben, werden zum Teil unterschiedlich benannt und mehr oder weniger differenziert abgestuft.

Vielfach wird auch der „Laissez-faire"-Führungsstil genannt. Dies ist aber kein Führungsstil im genannten Sinne, weil dabei der Vorgesetzte in keiner Weise in den Handlungsprozess eingreift.

Tz. 142

Die Unterschiede lassen sich durch Gegenüberstellung des autoritären und partizipativen Führungsstils verdeutlichen:

Gegenüberstellung

	Autoritärer Führungsstil	**Partizipativer Führungsstil**
Mitarbeiter	- Geringe Eigeninitiative, stark sicherheitsorientiert	- Hohe Leistungsmotivation, Aufgeschlossenheit und Initiative
Situation	- Schnelle Entscheidungen erforderlich - Verhältnisse mit geringer Komplexität	- Kreative Entscheidung erforderlich - Verhältnisse mit hoher Komplexität
Aufgabe	- Wenig Eigeninitiative, aber hohe Zuverlässigkeit erforderlich - Routineaufgaben	- Eigeninitiative und unkonventionelles Vorgehen erforderlich - Lösung innovativer Probleme
Organisationsstruktur	- Strenge Hierarchie	- Flache Hierarchie
Vorteile	- Schnelle Entscheidungen - Eindeutige Rollenverteilung - Leichte Koordination	- Einbeziehung der Fachkenntnisse der Mitarbeiter - Nutzung des Kreativitätspotenzials

1.1.2 Unterschiedliche Menschenbilder

Tz. 143

Douglas McGregor erklärt Führungsstile mit extrem idealtypischen Menschenbildern, die das natürliche Verhältnis von Menschen zu ihrer Arbeit darstellen sollen. Die Übersicht erläutert die Typologie:

Typologie		
Theorie X	**Theorie Y**	**Theorie Z**
Einstellung		
Menschen haben grundsätzlich eine Abneigung gegen Arbeit	Menschen sind ehrgeizig und bereit, Leistung zu erbringen	Menschen streben danach, am Management mitzuwirken
Auswirkungen		
- Wenig Ehrgeiz - Leistung nur bei Kontrolle und Sanktionen	- Streben nach Selbstverwirklichung und Selbstkontrolle - Kreative Initiativen - Eigenverantwortung - Identifikation	- Teamarbeit - Übernahme von Verantwortung

1.2 Mehrdimensionale Führungsstile

1.2.1 Managerial Grid

Tz. 144

Verhaltensgitter

Die beiden Führungsdimensionen „aufgabenorientiert" und „mitarbeiterorientiert" sind von *Robert R. Blake* und *Jane Mouton* zusammengeführt worden. Die Abbildung zeigt das sog. Verhaltensgitter („Managerial Grid"), mit dem sich theoretisch 81 verschiedene Führungsstile unterscheiden lassen.

ABB. 7: Verhaltensgitter („Managerial Grid")

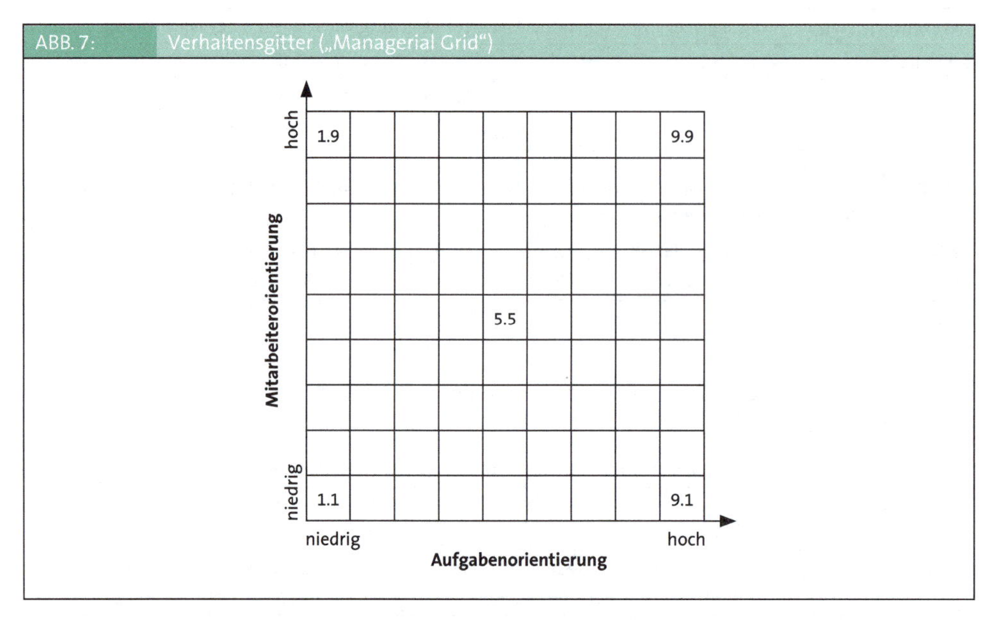

1.1: Sehr geringe Einflussnahme des Vorgesetzten. Die Mitarbeiter bleiben sich weitgehend selbst überlassen („Überlebensmanagement").

1.9: Die Bedürfnisse der Mitarbeiter stehen in Vordergrund. Pflege der zwischenmenschlichen Beziehungen, auch auf Kosten der Ergebniserzielung („Glacéhandschuh-Management").

5.5: Mittelweg zwischen Sach- und Mitarbeiterorientierung („Organisationsmanagement").

9.1: Hohe Aufgabenorientierung, die Interessen der Mitarbeiter finden keine Berücksichtigung („Befehl-Gehorsam-Management").

9.9: Sach- und mitarbeiterorientierte Führung. Gemeinsame Orientierung an übergeordneten Zielen, Delegation von Aufgaben, gemeinsame Entscheidungsfindung („Teammanagement").

1.2.2 Reifegradmodell

Tz. 145

Paul Hersey und *Ken Blanchard* schlagen vor, den Führungsstil am „Reifegrad" zu messen. Er beschreibt die Fähigkeit und Motivation der Mitarbeiter zur Realisierung der übertragenen Aufgabe, also Fachwissen, Fertigkeiten und Erfahrung.

Anpassung des Führungsstils

Bei geringen Fähigkeiten und geringer Motivation soll der Führungsstil anweisend sein. Wenn sich die Kompetenzen des Mitarbeiters erhöhen, sollen mehr Verantwortung und mehr Entscheidungskompetenz eingeräumt und der Führungsstil entsprechend anpasst werden. Die Entwicklung der Führungsstile in Abhängigkeit vom Reifegrad eines Mitarbeiters kann dann als Kurve dargestellt werden:

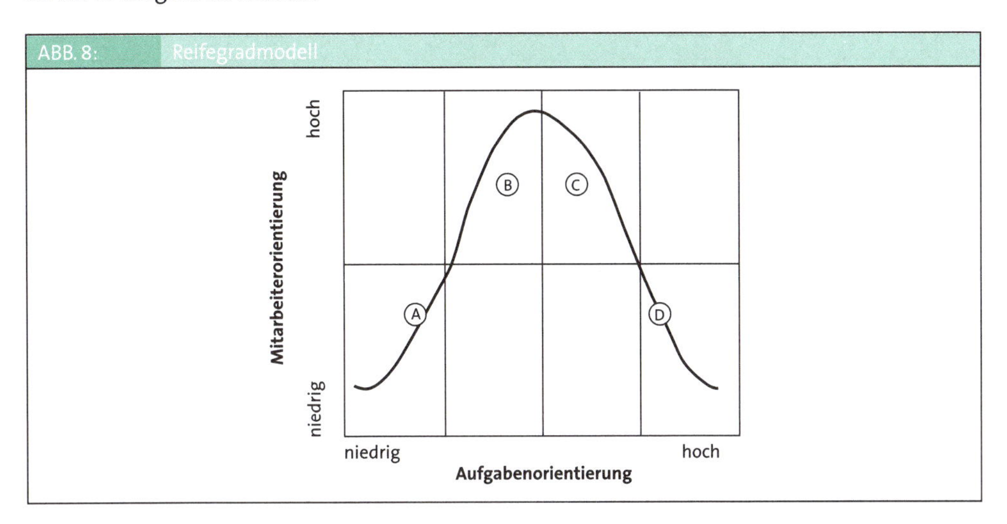

ABB. 8: Reifegradmodell

Der Reifegrad bestimmt den Führungsstil:

A	Delegationsstil	C	Integrierender Führungsstil
B	Partizipativer Führungsstil	D	Autoritärer Führungsstil

Nach Führungsstilen wird in der Prüfung regelmäßig gefragt, hier werden vertiefte Kenntnisse erwartet. Dabei ist es keinesfalls ausreichend, die (traditionellen und bekannten) eindimensionalen Führungsstile zu kennen. Besonders im Fachgespräch müssen auch die unterschiedlichen mehrdimensionalen beschrieben werden können.

2. Führungsverhalten analysieren

2.1 Führungssituation

Tz. 146

Bedingungen für das Führungsverhalten

Die situativen Rahmenbedingungen, unter denen Führungskräfte und Geführte miteinander arbeiten, sind eine weitere Variable des Führungserfolgs. Sie umfassen alle sachlichen und sozialen Bedingungen, die für das Führungsverhalten zu einem gegebenen Zeitpunkt von Bedeutung sind. Dazu gehören

- die Persönlichkeit des Vorgesetzten,
- die Bedürfnisse und Einstellungen der Mitarbeiter,
- die problemspezifische Aufgabenstellung und
- zukunftsbezogene Aspekte.

2.1.1 Gefährdungssituationen

Tz. 147

keine Entscheidungsspielräume

Für das Führungsverhalten gibt es keine Ermessens- und Verhaltensspielräume, wenn durch das Zusammenwirken von Mensch, Maschine und betrieblichem Umfeld gefährliche Situationen eindeutige Entscheidungen notwendig machen. Insbesondere bei Gefahr für Leib und Leben können Vorgesetzte keine Diskussionen über die Vorgehensweise akzeptieren. Zur Sicherheit der Mitarbeiter muss ein bestimmtes Verhalten der Mitarbeiter gefordert und auch durchgesetzt werden.

Fluchtwege dürfen nicht durch Lagergut zugestellt werden. Selbst wenn sich dadurch für die Mitarbeiter wesentliche Arbeitserleichterungen ergeben, kann ihre mögliche Gefährdung nicht akzeptiert werden.

Die Schutzeinrichtungen bei Maschinen (z. B. Sicherheitsschalter) dürfen keinesfalls manipuliert und „umgangen" werden.

Persönliche Schutzkleidung (z. B. Brille, Sicherheitsschuhe, Warnweste) muss immer getragen werden, auch bei schwierigen Temperaturverhältnissen.

2.1.2 Förderbedarf

Tz. 148

individuelle Entwicklung

Vorgesetze sollen die individuelle Entwicklung ihrer Mitarbeiter durch Personalförderung unterstützen. Sie ist Teil der Personalentwicklung und bezieht sich insbesondere auf die Veränderungen bei den Arbeitsplätzen und bei den Arbeitsinhalten.

Ausgangspunkt für die Ermittlung der individuellen Potenziale ist ein Fördergespräch, in dem

- die Erwartungen des Mitarbeiters festgestellt werden;
- die Fördermöglichkeiten erläutert werden;
- Fördermaßnahmen vereinbart werden.

Wichtige Maßnahmen der Personalförderung sind z. B.:

- **Fort- und Weiterbildung:** In Schulungsmaßnahmen können die Mitarbeiter ihr Wissen und Können erweitern und vervollständigen.
- **Coaching:** Personenzentrierter Prozess zur persönlichen und fachlichen Unterstützung bei der Lösung von beruflichen Problemstellungen.
- **Mentoring:** Anleitung und Beratung durch eine erfahrene Person, die ihr fachliches Wissen und ihre Erfahrungen weitergibt, um die persönliche und berufliche Entwicklung zu unterstützen.
- **Laufbahnplanung:** Aufzeigen der möglichen zukünftigen Stellen in der beruflichen Entwicklung.

2.2 Führen von Gruppen

Tz. 149

Gruppenmitglieder

Menschen benötigen soziale Kontakte und schließen sich zu Gruppen zusammen. Jeder Mitarbeiter in einem Unternehmen ist Mitglied in mehreren Gruppen, er steht sowohl beruflich als auch privat in Kontakt zu anderen Personen.

Kollegen, Vorgesetzte, unterstellte Mitarbeiter, Kantinen- und Zufallsbekanntschaften

Eine Soziale Gruppe besteht aus mindestens drei Personen, die in einer unmittelbaren dauerhaften Beziehung zueinander stehen, zwischen denen Interaktion möglich ist und die sich auch ihrer Gruppenzugehörigkeit bewusst sind.

Gruppenbeziehungen

Die Gruppe existiert nicht einfach als Summe ihrer Teilnehmer, sondern sie entwickelt eine eigene interne Dynamik und eigene externe Beziehungen:

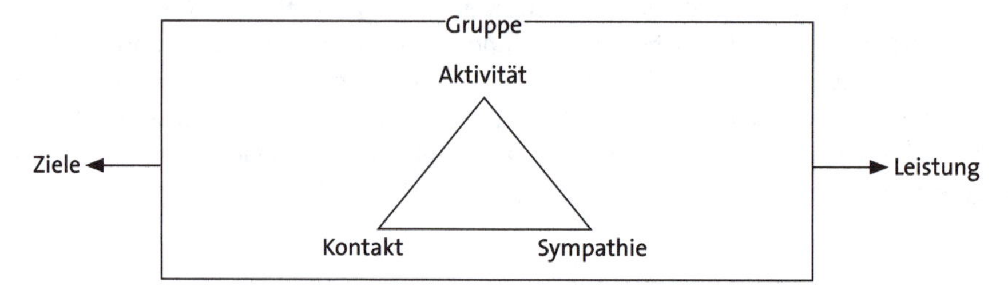

- **Formelle Gruppen** ergeben sich aus dem organisatorischen Aufbau eines Unternehmens. Sie sind bewusst geplant und formal strukturiert.

Abteilungen, Stäbe, Projektgruppen u. Ä.

- **Informelle Gruppen** sind dagegen in der formalen Struktur eines Unternehmens nicht vorgesehen. Sie entstehen spontan und ungeplant in oder neben den formellen Gruppen durch gemeinsame Sympathien, Wünsche und Interessen.

Raucherciquen, Kegelfreunde, Ausbildungsgruppe

In Unternehmen sind informelle Gruppen dann problematisch, wenn Weisungs- und Berichtsstränge umgangen werden, weil ihre Mitglieder glauben, dass sie dadurch ihre Aufgaben besser wahrnehmen können, da notwendige Informationen nicht, nicht in ausreichender Qualität oder nicht rechtzeitig vorliegen und deshalb außerhalb der vorgesehenen Informationsstränge „besorgt" werden.

2.2.1 Gruppenverhalten

Tz. 150

Da eine Gruppe ein soziales System ist, treffen verschiedene Normen, Regeln und Werte der Gruppenmitglieder aufeinander. Auf Dauer bildet sich häufig ein bestimmtes Wertesystem der Gruppe heraus, das von der Mehrzahl der Mitglieder getragen wird.

Tz. 151

Rolle

Als „**Rolle**" bezeichnet man die tatsächlichen oder gedachten Anforderungen, die an einzelne Gruppenmitglieder gestellt werden oder die sie tatsächlich erfüllen. Die Tabelle zeigt Funktionen, die von Gruppenmitgliedern übernommen werden können:

Koordinator	Der Koordinator stellt die Ziele dar, kann Aufgaben delegieren und fördert die Entscheidungsfindung durch seine Persönlichkeit und seine Leitungskompetenz.
Shaper	Shaper verfügen über eine starke Selbstdisziplin und üben eine Kontrollfunktion aus, weil sie konsequent die Arbeit an den Sachzielen fordern. Sie können ihre Stärken besonders einbringen, wenn die Gruppe homogen zusammengesetzt ist.
Plants	Diese Mitglieder sind innovativ und aufgeschlossen gegenüber Neuerungen. Ihre Ideen und Ansichten sind oft unkonventionell, aber sie bringen „frischen Wind" in die Gruppe und eröffnen so die Entwicklung einfallsreicher Lösungen.
Monitor-Evaluator	Diese Gruppenmitglieder zeichnet eine kritische Einstellung aus, sie bleiben aber fair gegenüber den Ansichten anderer. Sie können durch ihre Direktheit trotzdem leicht dominierend wirken.
Implementor	Der Implementor fordert klare Zielsetzungen und legt Wert auf eine strukturierte Arbeitsweise, um praktikable Lösungsansätze erarbeiten zu können.
Teamworker	Teamworker wirken vordergründig zurückhaltend, sie unterstützen andere und sind eher Helfer im Hintergrund.
Resource Investigator	Der Resource Investigator sichert die Einbettung der Gruppe in den Gesamtzusammenhang der Aufgabenstellung. Er stellt die notwendigen Kontakte her und vermittelt die externen Bedürfnisse und Erwartungen.
Completer	Completer achten auf eine gute Zusammenarbeit und auf eine angemessene Aufgabenverteilung.

Tz. 152

soziale Rolle

Die **soziale Rolle**, die einzelne Teilnehmer in einer Gruppe einnehmen, kann sich von der funktionalen unterscheiden und sie verstärken, aber auch entwerten:

Star	Spielt sich in den Vordergrund, stellt sich als Alleskönner und Alleswisser dar. Wirkt leicht arrogant und provoziert selbst bei erheblicher Fachkompetenz Ablehnung.
Küken	Versteckt sich, wirkt leise, unsicher und unbedeutend. Solche Teilnehmer können trotz vorhandener Fachkompetenz ihre Beiträge allenfalls durch Unterstützung anderer einbringen.

Clown	Findet alles witzig und lustig, bringt andere ständig zum Lachen. Wirkt belebend und sorgt vordergründig für eine angenehme Atmosphäre. Er erreicht so Aufmerksamkeit und Zuwendung, die aus seiner Sicht sonst schwer zu erlangen sind.
Außenseiter	Wirkt nicht zur Gruppe gehörig, hält sich abseits und wird nicht integriert.
Mitläufer	Bringt keine eigenen Ideen und Vorschläge ein, redet anderen nach dem Mund. Wirkt zur Zielerreichung überflüssig.
Kritiker	Hat an allem etwas auszusetzen, weiß alles besser, bringt aber keine eigenen Ideen und Impulse.
Schwätzer	Redet um des Redens willen, nicht an der Sache orientiert. Typisch sind Koreferate, Beispiele und „Geschichten aus dem Leben". Wird als störend erlebt, weil er den Arbeitsprozess nicht unterstützt.
Schweiger	Nimmt aufmerksam teil, redet aber nur, wenn aus seiner Sicht noch Aspekte nachgetragen werden müssen oder wenn er ausdrücklich gefragt wird. Wirkt unnahbar und damit auf manche auch bedrohlich.

Obwohl Teilnehmer auch permanent eine einzige Rolle verkörpern können, sind Überschneidungen in Abhängigkeit von der aktuellen Diskussionslage, der Gruppenatmosphäre, den anderen Teilnehmern usw. eher typisch.

2.2.2 Gruppenstruktur

Tz. 153

Status

In Gruppen kristallisieren sich im Laufe der Zeit bestimmte Positionen heraus, die von einzelnen Gruppenmitgliedern eingenommen werden. Der **Status** beschreibt die Rangordnung von Individuen in sozialen Systemen, also ihre sozial bewertete Stellung.

- Der **Gruppenführer** legt die Gruppenziele fest und koordiniert den Zusammenhalt der Gruppe. Wenn es keinen offiziellen Gruppenleiter gibt, wird informell jemand diese Funktion übernehmen.
- **Mitläufer** orientieren sich ohne eigene Meinung an der Mehrheit oder am Gruppenleiter.
- Die **Arbeiter** leisten den quantitativ umfänglichsten Teil der Arbeit.
- **Spezialisten** bringen ihre Fachkenntnisse ein, ohne ihr Wissen und Können würde das Gruppenergebnis minderwertiger oder später zur Verfügung stehen.
- Der **Opponent** versucht, dem Gruppenführer seine Position streitig zu machen. Dieser Status ist ausgesprochen konfliktträchtig.
- Der **Sündenbock** wird verantwortlich gemacht, wenn die Gruppe ein Ziel nicht erreichen konnte. Er ist meistens das schwächste Gruppenmitglied.

Tz. 154

In einer Gruppe verhalten sich Menschen anders als allein. Die Muster, nach denen die Vorgänge und Abläufe in der Gruppe erfolgen, werden als **Gruppendynamik** bezeichnet. Sie machen das Zusammenwirken und die Beziehungen von Mitgliedern einer Gruppe deutlich und beschreiben, wie sich die Einzelpersonen in der Gruppe verhalten, wie sich die Gruppe formiert, wie sie funktioniert und wie sie sich gegebenenfalls wieder auflöst.

Tz. 155

Gruppenleistung

Bei **Gruppenleistungen** werden drei Arten unterscheiden:

- Typus des Hebens und Tragens **(Kräfte-Addition)**: Die Gruppenleistung entspricht nicht der Summe der Einzelleistungen. Sie ist niedriger, weil die Koordination aller Kräfte schwierig ist.
- Typus des Suchens und Beurteilens **(Fehlerausgleich)**: Das Urteil der Gruppe ist genauer als die einzelnen Urteile. Die Bildung von Mittelwerten führt statistisch zu einem Fehlerausgleich.
- Typus des Bestimmens **(Setzung von Normen)**: In der Gruppe übernehmen die Mitglieder Normen und Rollen, sind sich dessen aber nur selten bewusst. Die Festlegung von Normen durch die Gruppe entlastet den Einzelnen, der sich nach den Gruppennormen, -erwartungen und Rollenvorgaben richten kann.

3. Führungsaufgaben, -techniken und -instrumente

3.1 Führungsaufgaben

Tz. 156

Managementaufgaben

Führungsaufgaben sind ein Teilbereich der Managementaufgaben. Dazu gehören:

- Aufgaben planen,
- Ziele festlegen und vereinbaren,
- Entscheidungen treffen,
- Aufgaben und Verantwortung delegieren,
- Prozesse gestalten und kontrollieren,
- Förderung der Mitarbeiter durch Anerkennung und Motivation.

3.2 Führungstechniken

Tz. 157

Zur Gestaltung und Realisierung von Führung werden Führungstechniken eingesetzt. Von den zahlreichen theoretischen Konzepten sind vor allem folgende Ansätze bedeutend:

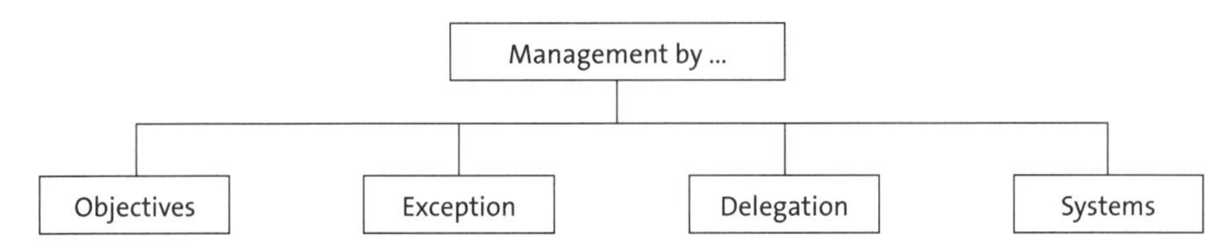

3.2.1 Management by Objectives

Tz. 158

Beim Management by Objectives (Führung durch Zielvereinbarung) findet die Führung durch eine gemeinsame Zielvereinbarung zwischen Vorgesetztem und Mitarbeiter statt.

gemeinsame Zielformulierung

Der Aufgabenbereich des Mitarbeiters, seine Kompetenzen und seine Verantwortung werden gemeinsam mit dem Vorgesetzten anhand des angestrebten Ergebnisses festgelegt. Der Mitarbeiter kann dann – innerhalb eines festgelegten Rahmens – selbst entscheiden, auf welchem Wege das gesetzte Ziel erreicht werden soll.

Durch die Vereinbarung von Zielen legen Mitarbeiter und Vorgesetzter gemeinsam eine für beide Seiten bindende Regelung fest. Das erleichtert eigenverantwortliches Handeln im jeweiligen Zuständigkeitsbereich.

ABB. 9: Management by Objectives

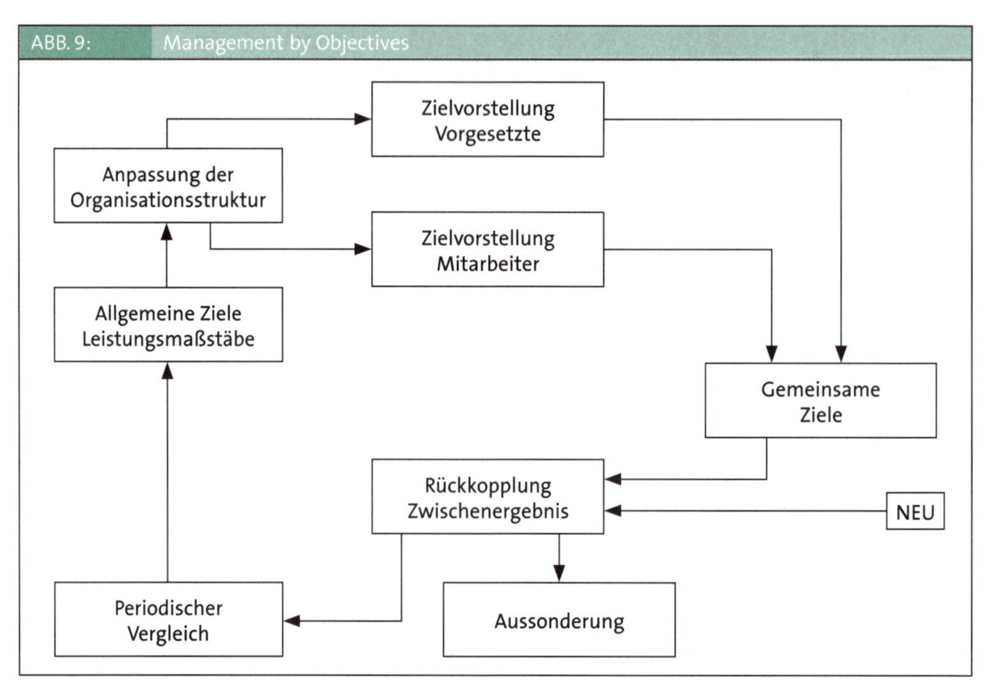

Prinzipien des Management by Objectives

Management by Objectives beruht auf folgenden Prinzipien:

- **Zielorientierung:** Die Mitarbeiter sollen definierte Ziele erreichen.
- **Mehrstufige Zielbildung:** Die operativen Ziele werden aus den Unternehmenszielen über die Hierarchiestufen hinweg abgeleitet.
- **Delegation von Entscheidungsprozessen:** Den Weg zur Zielerreichung bestimmen die Mitarbeiter selbst.
- **Partizipation:** Die Mitarbeiter sind an der Zielbildung und an der Zielkontrolle beteiligt.
- **Leistungsorientierung:** Kriterien zur Messung des Erfolgs werden durch die Zielfestlegung möglich.

Tz. 159

Zielvereinbarung

Voraussetzung für Management by Objectives ist eine eindeutige Zielformulierung, gegebenenfalls auch die Festlegung von Zwischenzielen, die eine abschnittsweise Bearbeitung einer Aufgabe mit Korrekturmöglichkeiten erlauben. Die Maßnahmen und Aktivitäten zur Zielerreichung sind i. d. R. nicht Gegenstand einer Zielvereinbarung, die Umsetzung bleibt dem Mitarbeiter überlassen. Nach Ablauf des vorgesehenen Zeitraums kann dann festgestellt werden, ob das Ziel erreicht worden ist.

Zielvereinbarungen umfassen sowohl qualitative wie quantitative Aspekte:

- **Leistungsziele** beziehen sich auf messbare Größen des Arbeitsergebnisses und sind mit Kennzahlen überprüfbar.
- **Verhaltensziele** können nicht immer eindeutig gemessen werden, weil sie stärker Meinungen und Einschätzungen unterliegen.

SMART

In beiden Fällen müssen die Ziele **SMART** sein:

S	specific	spezifisch	Ziele müssen präzise formuliert sein.
M	measurable	messbar	Ziele müssen nach klaren Kriterien überprüfbar sein.
A	achievable	angemessen	Ziele müssen herausfordernd und akzeptabel sein.
R	realistic	realistisch	Ziele müssen erreichbar sein.
T	time framed	terminiert	Für die Zielerreichung muss ein Zeitpunkt festgelegt sein.

Tz. 160

Die quantitativen Leistungsziele definieren das Arbeitsergebnis und lassen sich durch Kennzahlen messen. Wenn die Zurechnung des Ergebnisses auf eine einzelne Person möglich ist, ermöglicht Management by Objectives eine objektive Beurteilung und eine leistungsgerechte

Vergütung der Mitarbeiter. Zielvereinbarungen sind Bestandteil des Personalbeurteilungsverfahrens, aber kein alleiniges Beurteilungskriterium.

3.2.2 Management by Exception

Tz. 161

Die Mitarbeiter können bei Management by Exception (Eingriffe in Ausnahmefällen) innerhalb eines festgelegten Rahmens selbstständig Entscheidungen treffen. Nur in den Ausnahmefällen, in denen der Entscheidungsspielraum überschritten würde, entscheidet der Vorgesetzte.

3.2.3 Management by Delegation

Tz. 162

nachgeordnete Hierarchieebene

Nach den Vorstellungen des Management by Delegation (Übertragung von Verantwortung) werden Aufgaben so weit wie möglich auf nachgeordnete Hierarchieebenen verlagert. Die Delegation dient der Entlastung der Führungsebenen. Selbstständige Arbeit ist in dem vorgegebenen Rahmen möglich und wird auch erwartet. Die entsprechenden Festlegungen erfolgen in den Stellenbeschreibungen. Zusammen mit der Aufgabe müssen auch die entsprechenden Kompetenzen und Verantwortlichkeiten delegiert werden.

Ein Vorteil des Management by Delegation ist die hohe Akzeptanz der Unternehmensziele durch die Mitarbeiter, weil sie bei der Gestaltung ihrer Arbeit große Freiheiten genießen. Zudem erhöht sich die Transparenz der Unternehmensprozesse.

3.2.4 Management by Systems

Tz. 163

Regelkreis

Beim Management by Systems (Führung durch Systemsteuerung) werden die betrieblichen Abläufe als Regelkreise verstanden. Kennzeichnend für einen Regelkreis ist die Eigensteuerung und Rückmeldung von Ergebnissen. Bei Problemen wirkt der Vorgesetzte als Regler darauf ein.

3.3 Führungsinstrumente

Tz. 164

Führungsinstrumente sind Methoden, die von Vorgesetzten zur Zielerreichung und zur Führung ihrer Mitarbeiter angewandt werden.

klassische Führungsinstrumente

Die klassischen Führungsinstrumente sind Information, Lob, Anerkennung und Kritik, Zielvereinbarungen, Delegation und Kontrolle. Da die Mitarbeiter aber sehr unterschiedlich sind, müssen auch unterschiedliche Führungsinstrumente genutzt werden. Die Tabelle zeigt eine Auswahl möglicher Führungsinstrumente:

Direkte Führungsinstrumente	Indirekte Führungsinstrumente
Lob und Anerkennung	Personalauswahl
Kritik und Rückmeldung	Teamgestaltung und -entwicklung
Mitarbeitergespräch	Kontroll- und Anreizsysteme
Zielvereinbarung	Regeln und Normen
Aufbau von Vertrauen	Gestaltung der Arbeitsumgebung
Gemeinsame Karriereplanung	Konfliktniveau im Umfeld
Partizipation bei Entscheidungen	Entlohnungssystem
Delegation von Verantwortung	Stellenbeschreibung

Bei Aufgabenstellungen zu diesem Themenkomplex reicht es in keinem Fall, eine beliebige Auswahl an Führungsinstrumenten zu nennen bzw. zu erläutern. Sie müssen immer situationsbezogen ausgewählt und beschrieben werden.

3.3.1 Mitarbeitergespräch

Tz. 165

wirkungsvolles Führungsinstrument

Das Mitarbeitergespräch stellt eines der wichtigsten Führungsinstrumente dar. Für eine erfolgreiche Zusammenarbeit ist notwendig, dass Vorgesetzter und Mitarbeiter regelmäßig oder bei Bedarf über die Ziele, Leistungsbeurteilungen, Entwicklungsmöglichkeiten und Formen der gemeinsamen Arbeit sprechen. Es sollte deshalb auch die notwendige Beachtung finden, also sorgfältig vorbereitet sein und zielführend durchgeführt werden.

Mitarbeitergespräche sollen einen offenen Dialog darstellen, in dem sich die Gesprächspartner über den Stand der Zusammenarbeit in fachlicher und zwischenmenschlicher Hinsicht austauschen. Sie verständigen sich über die Stärken und Schwächen der Zusammenarbeit, die Arbeitsbedingungen und die Perspektiven für die weitere Zusammenarbeit. Das Mitarbeitergespräch sollte dazu genutzt werden, die Zufriedenheit und Motivation der Mitarbeiter zu erhöhen.

Regelmäßige Gespräche in einem formellen Rahmen zwischen Vorgesetzten und Mitarbeitern unter vier Augen ermöglichen eine erfolgreiche Zusammenarbeit, weil sie den Mitarbeitern Klarheit über ihre Aufgaben, Verantwortlichkeiten und Ziele geben. Wenn die Mitarbeiter es wünschen, sollte die Einbeziehung von Vertrauenspersonen, z. B. einem Betriebsratsmitglied, ermöglicht werden.

Solche Mitarbeitergespräche sind sehr wirkungsvoll, weil sie das gegenseitige Verständnis verbessern und Entwicklungspotenziale aufzeigen. Ein respektvoller und konstruktiver Austausch trägt dazu bei, Konflikte zu lösen und neue Strategien zu entwickeln.

Am Ende steht eine Vereinbarung für den kommenden Zeitraum, die eine optimale Grundlage für die Realisierung der Vereinbarungen schaffen soll.

3.3.1.1 Vorbereitung

Tz. 166

Gut durchgeführte Mitarbeitergespräche erhöhen das Vertrauen der Mitarbeiter, während schlechte demotivieren. Eine sorgfältige Vorbereitung ist deshalb unbedingt notwendig. Folgende Fragen müssen geklärt werden:

offene Fragen

Rückblick	Welchen Verlauf haben frühere Mitarbeitergespräche genommen? Welche Vereinbarungen sind getroffen worden?
Zieldefinition	Welche Informationen soll der Mitarbeiter erhalten? Welche Verhaltensänderungen werden angestrebt?
Begründungen	Wie können die Argumente begründet werden? Welche Erklärungen für die Entscheidungen sind notwendig?
Dialogverlauf	Welche Informationen soll der Mitarbeiter geben? Welche Fragen versprechen diesbezüglich Erfolg?
Mögliche Vereinbarung	Was soll am Ende des Mitarbeitergesprächs vereinbart werden? Für welchen Zeitraum gelten die Vereinbarungen? Wie umfangreich sind die eigenen Kompetenzen, welches Angebot kann gemacht werden?
Ausblick	Wie kann ein positiver Schlusspunkt gesetzt werden? Welche Unterstützung muss der Mitarbeiter bis zum nächsten Gespräch erhalten?

Auch regelmäßige Mitarbeitergespräche müssen rechtzeitig angekündigt werden und in einem angemessenen Zeitrahmen stattfinden. Dem Mitarbeiter werden die geplanten Themen vorab mitgeteilt.

3.3.1.2 Durchführung

Tz. 167

Ein gutes Mitarbeitergespräch setzt sich aus drei Teilen zusammen:

1. Rückblick, Überprüfung des Zielerreichungsgrads, Analyse,
2. Standortbestimmung, Beurteilung, Diagnose,
3. Schlussfolgerungen, neue Vereinbarungen, Prognose.

3.3.1.3 Anlässe

Tz. 168

mögliche Anlässe

Mitarbeitergespräche sollen grundsätzlich regelmäßig – mindestens einmal im Jahr – stattfinden, dazu ist kein besonderer Anlass erforderlich. Zusätzlich können aber auch weitere Gespräche erforderlich werden, denen sich der Vorgesetzte keinesfalls entziehen darf. Solche typischen Anlässe sind z. B.

- das Ende der Probezeit,
- der Ablauf eines befristeten Arbeitsvertrags,
- die Beendigung des Arbeitsvertrags durch Kündigung oder Auflösung,
- die Beurteilungsgespräche,
- Rückkehr nach längerer Arbeitsunterbrechung,
- Gespräche zur Laufbahnplanung,
- Konfliktanalyse,
- Personalentwicklungsgespräche.

3.3.2 Formen des Mitarbeitergesprächs

Tz. 169

unterschiedliche Formen

- **Anerkennungsgespräch**

  Der Vorgesetzte schafft ein Erfolgserlebnis, der Mitarbeiter wird bestätigt und motiviert, seine Stärken weiterzuentwickeln.

Tz. 170

- **Entwicklungsgespräch**

  Um gute Mitarbeiter an das Unternehmen zu binden, können ihnen Karrieremöglichkeiten aufgezeigt werden. Dem Mitarbeiter soll deutlich werden, welche wichtige Rolle er für das Unternehmen spielt.

Tz. 171

- **Kritikgespräch**

  Schätzt ein Mitarbeiter seine Leistung besser ein als sein Vorgesetzter, wird das Mitarbeitergespräch genutzt, Perspektiven zu entwickeln, um gemeinsam aktiv an einer Verbesserung zu arbeiten.

  Weil solche Gespräche äußerst unangenehm sind, weichen ihnen Vorgesetzte gerne aus. Kritikgespräche sind jedoch ein wichtiges Führungsinstrument und können langfristig ohnehin nicht vermieden werden. Je näher das Gespräch zeitlich zu den erkannten Fehlern liegt, desto einfacher ist es, desto spannungsärmer wird es ablaufen und desto größer ist die Möglichkeit für den Mitarbeiter, seine Leistung zu verbessern oder sein Verhalten zu ändern.

Tz. 172

- **Feedbackgespräch**

  Trotz eventueller konstruktiver Kritik ist ein Feedbackgespräch vor allem motivierend. Eine Rückmeldungskultur stellt eine wichtige Basis dar für den Führungserfolg. Zielführend sind glaubwürdiges Lob und angemessene, sachlich vorgetragene und begründete Kritik.

Tz. 173

► **Gehaltsgespräch**

Bei einem Gespräch über das Gehalt werden Unternehmen und Vorgesetzte profitieren, wenn sie für Gerechtigkeit im Gehaltsgefüge sorgen und Frustrationen bei den Mitarbeitern vermeiden. Ein ideales Ergebnis ist eine einvernehmliche Regelung, die beide Verhandlungspartnern als erfolgreich und fair einschätzen.

Tz. 174

► **Konfliktgespräch**

In Unternehmen treffen unterschiedliche Interessen, Meinungen und Gefühle aufeinander, die gegensätzlich sind und unvereinbar erscheinen. Solche Konflikte müssen schnell und konstruktiv gelöst werden. Der Dialog ist die wirksamste Methode, Konfliktursachen wirkungsvoll und dauerhaft zu beseitigen.

Zu Konfliktursachen und Lösungsmöglichkeiten siehe Tz. 43 ff.

Tz. 175

► **Qualifikationsgespräch**

Das vorhandene Wissen und Können der Mitarbeiter muss regelmäßig mit den erforderlichen Qualifikationen verglichen werden. Dadurch wird sichergestellt, dass sie über die Eignung verfügen, die zur optimalen Erfüllung ihrer Aufgaben notwendig ist. Eventuelle Qualifikationsdefizite werden dann durch Fördermaßnahmen ausgeglichen.

Tz. 176

► **Zielvereinbarungsgespräch**

Ein wichtiger Bestandteil von Mitarbeitergesprächen ist die Zielvereinbarung. Der Vorgesetzte legt dabei persönlich motivierende und zugleich ergebnisorientierte Ziele mit dem einzelnen Mitarbeiter fest. Üblicherweise werden einige wenige Jahresziele vereinbart, die eine konkrete Überprüfung und faire Beurteilung ermöglichen. Das können Verhaltensziele, Wissensziele und auch persönliche Ziele sein.

Zu Zielvereinbarungsgesprächen siehe Tz. 158 (Management by Objectives).

3.3.3 Motivationsförderung

Tz. 177

Ein Motiv ist der latente Wunsch, einen angestrebten positiven Zustand zu erreichen.

Motivation ist die soziale Einflussnahme auf die Entscheidung zwischen verschiedenen Handlungsalternativen auf der Basis von Wünschen, Einstellungen, Werthaltungen und Bedürfnissen.

eigene Initiative

Durch **Motivationsförderung** soll die Bereitschaft des Mitarbeiters gefördert werden, sich mit seiner individuellen Berufs- und Arbeitssituation auseinanderzusetzen und seine Ziele aus eigener Initiative und dauerhaft zu verfolgen. Die Zielerreichung muss bewusst wahrgenommen und im Gedächtnis gespeichert werden.

Voraussetzungen

Allgemeine Voraussetzungen zur Motivationsförderung sind z. B.:

- Das Ziel muss anspruchsvoll, aber realistisch formuliert sein;
- Der Mitarbeiter muss Vertrauen in sein eigenes Handeln bekommen;
- Ursache und Wirkung von Handlungen müssen einen erkennbaren Zusammenhang haben;
- Der Mitarbeiter trägt die Verantwortung für sein Handeln;
- Anerkennung durch Lob oder Belohnung;
- Erfolgserlebnisse.

Die Anreize können in einer Handlung selbst (Primärmotivation) oder in der Belohnung des Handlungsergebnisses (Sekundärmotivation) bestehen.

3.3.3.1 Bedürfnistheorien

Tz. 178

Maslow

Nach *Abraham Maslow* bauen menschliche Bedürfnisse wie die Stufen einer Pyramide aufeinander auf. Erst wenn die Bedürfnisse der unteren Stufen befriedigt sind, besteht die Motivation, die höheren Stufen erreichen zu wollen.

Bedürfnispyramide

ABB. 10: Maslowsche Bedürfnishierarchie

Stufe	Beispiele
Transzendenz	Suche nach Gott
Selbstverwirklichung	Individualität
Individualbedürfnisse	Status, Erfolge, Anerkennung, Wohlstand
Sozialbedürfnisse	Familie, Freundschaften, Kommunikation
Sicherheit	Schutz vor Gefahren, festes Einkommen
Existenzbedürfnisse	Nahrung, Wohnraum, Kleidung, Sexualität, Schlaf

Die Kritik an der Bedürfnishierarchie nach *Maslow* bezieht sich vor allem auf das Menschenbild einer von Statusdenken und Individualismus geprägten Gesellschaft. Sie ist in mehreren Varianten weiterentwickelt worden.

Tz. 179

Herzberg

Frederick Herzberg schließt aus den Ergebnissen empirischer Studien, dass es zwei Faktoren gibt, die Menschen bei ihrer Arbeit zufrieden machen:

Zufriedenheit bei der Arbeit

- **Hygienefaktoren** vermeiden Unzufriedenheit bei der Arbeit,
- durch **Motivatoren** wird sie als zufriedenstellend empfunden.

Zufriedenheit und Unzufriedenheit werden dabei als zwei unabhängige Dimensionen verstanden, nicht als extreme Ausprägungen derselben Eigenschaft. Zu einer höheren Motivation können nur solche Faktoren führen, die sich auf die Arbeitsinhalte und auf die Befriedigung persönlicher Motive beziehen.

ABB. 11: Zwei-Faktoren-Theorie

Hygienefaktoren	Motivatoren
Eine ausreichende Berücksichtigung dieser Einflussfaktoren vermeidet Unzufriedenheit. Sie führen aber nicht zu Zufriedenheit. Hygienefaktoren werden oft gar nicht wahrgenommen, weil sie als selbstverständlich empfunden werden. Sie machen weder glücklich noch unglücklich.	Durch Motivatoren wird die Arbeit selbst als zufriedenstellend empfunden. Sie begründen die Motivation zur Arbeitsleistung aus dem Arbeitsinhalt. Ihr Fehlen führt aber nicht notwendig zu Unzufriedenheit.
Beispiele	
- Entlohnung und Gehalt - Personalpolitik - Beziehungen zu Mitarbeitern und Vorgesetzten - Führungsstil - Arbeitsbedingungen - Sicherheit der Arbeitsstelle	- Leistung und Erfolg - Anerkennung - Arbeitsinhalte - Verantwortung - Aufstieg und Beförderung - Wachstum

Tz. **180**

McCelland

dominante Bedürfnisse

David Clarence McClelland unterscheidet drei dominante Bedürfnisse, deren subjektive Bedeutung vom kulturellen Hintergrund abhängt:

1. **Leistungsmotivation:** Menschen mit hoher Leistungsmotivation streben nach Erfolg. Sie wählen Ziele, die anspruchsvoll, aber erreichbar sind und bevorzugen Tätigkeiten mit hoher Eigenverantwortung und persönlichem Einfluss auf das Arbeitsergebnis.
2. **Machtmotivation:** Personen mit hoher Machtmotivation streben Status und Prestige an. Sie wollen Einfluss auf andere gewinnen und eine hohe Hierarchieebene erreichen. Die Arbeitsleistung tritt dabei in den Hintergrund.
3. **Zugehörigkeit:** Menschen mit hoher Anschlussmotivation bevorzugen kooperative Arbeitsbeziehungen und wünschen sich ein gutes Betriebsklima. Sie suchen enge soziale Bindungen.

Diese Motivstruktur kann vor allem helfen, geeignete Bewerber für bestimmte Tätigkeiten auszuwählen.

3.3.3.2 Erwartungstheorie

Tz. 181

Nach *Victor Harald Vroom* muss zur Motivation eine eindeutige Beziehung zwischen der eigenen Leistung und ihrem Ergebnis bestehen. Die Einschätzung ergibt sich aus früheren Erfahrungen.

Ein höheres Gehalt wird nur dann zu höherer Motivation führen, wenn eine eindeutige Beziehung zwischen Leistung und Entgelt besteht.

3.3.3.3 Zielsetzungstheorie

Tz. 182

extrinsische Motivation

Edwin Locke und *Gary Latham* beziehen sich bei ihrer Zielsetzungstheorie (Goal-Setting-Theory) auf die extrinsische Arbeitsmotivation. Bewusstes Verhalten soll danach einen konkreten Zweck erfüllen und ist von individuellen Zielen abhängig.

Ziele sind in diesem Sinne gewünschte zukünftige Zustände, die durch eigene Aktivitäten erreicht werden sollen. Die Motivation hängt also unmittelbar von der Art der Ziele ab, unterschiedliche Handlungsweisen beruhen auf verschiedenen Zielsetzungen. Persönlichkeitsmerkmale haben deshalb einen wesentlichen Einfluss auf die Arbeitsleistung.

Commitment

Die Entschlossenheit, ein Ziel auch gegen Widerstände zu verfolgen, wird Zielbindung (**Commitment**) genannt. Je höher das Commitment ist, desto besser wird die Leistung sein. Sie kann zusätzlich erhöht werden, wenn Rückmeldungen über das Ausmaß der Zielerreichung vorliegen.

3.3.3.4 Reaktionstheorie

Tz. 183

Beeinflussung des Umfelds

Nach *Jack W. Brehm* versuchen die Mitarbeiter ihr Umfeld so zu beeinflussen, dass für sie persönlich eine möglichst hohe individuelle Bedürfnisbefriedigung erreicht wird. Alle Motivationsanstrengungen bleiben folglich wirkungslos, wenn kein Zusammenhang (Reaktion) hergestellt werden kann zwischen der Arbeitsleistung und den eigene Zielen. Konsequent sollen die Freiheiten der Mitarbeiter möglichst wenig eingeschränkt werden.

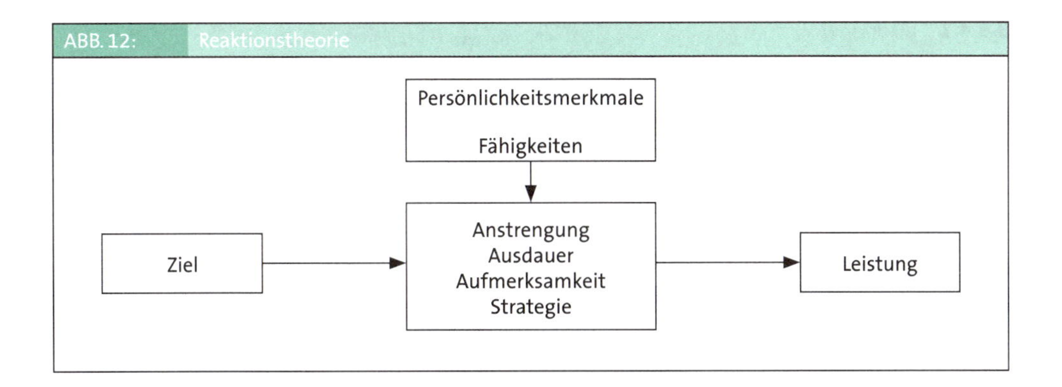

ABB. 12: Reaktionstheorie

3.3.3.5 Gleichheitstheorie

Tz. 184

Vergleich mit Kollegen

Jean Stacy Adams geht mit der Gleichheitstheorie (Equity-Theory) davon aus, dass Mitarbeiter sich permanent mit ihren Kollegen vergleichen. Sie stellen die eigenen Leistungen den erhaltenen Gegenleistungen (z. B. Gehalt, Sozialleistungen, Status) gegenüber und vergleichen sie mit anderen Mitarbeitern.

Eine absolute Gleichbehandlung ist aus Sicht der Mitarbeiter nicht erforderlich, eine faire Behandlung wird auch unter Berücksichtigung individueller Besonderheiten als gerecht empfunden. Andererseits werden Mitarbeiter ihre Leistung anpassen, wenn sich nach ihrer subjektiven Wahrnehmung dauerhaft Ungleichheiten etablieren können. Sie werden ihre Leistung verringern, bis eine Situation eintritt, die sie als gerecht empfinden.

3.3.4 Mitarbeiterumfrage

Tz. 185

Befragung der Betroffenen

Befragungen sind ein Instrument zur Feststellung eines Ist-Zustands. Sie bieten die Möglichkeit, Informationen **direkt von den Betroffenen** zu erhalten und damit deren Wissen, Erfahrungen und Einschätzungen nutzbar zu machen. Umfragen können mündlich erfolgen – dann werden sie als Interview bezeichnet – oder schriftlich mithilfe eines Fragebogens durchgeführt werden. Die Entscheidung für die eine oder andere Methode hängt ab von dem konkreten Untersuchungsziel und den aktuellen Möglichkeiten.

Mit der Mitarbeiterumfrage können Schwachstellen erkannt werden, die die Leistungsfähigkeit beeinträchtigen. Mitarbeiter können darüber besonders gut Auskunft geben, weil sie von bestehenden Problemen betroffen sind und über Wissen zu Ursachen und möglichen Lösungen verfügen.

Funktionen

Eine methodisch gut durchgeführte Mitarbeiterbefragung kann verschiedene Funktionen übernehmen:

- **Frühwarnsystem:** Eine Mitarbeiterbefragung zeigt die Zufriedenheit der Mitarbeiter. Wenn sie regelmäßig durchgeführt wird, kann entstehende Unzufriedenheit frühzeitig aufgedeckt werden. Chancen und Probleme der Personalarbeit lassen sich rechtzeitig identifizieren.
- **Grundlage für Personalentscheidungen:** Die Befragungsergebnisse zeigen, ob die Personalarbeit von den Mitarbeitern positiv eingeschätzt wird. Ein chronologischer oder ein Branchenvergleich liefern zusätzliche Erkenntnisse.
- **Vertrauensbildung:** Die Mitarbeiter erleben, dass ihre Meinung gefragt ist und dass sie – im vorgegebenen Rahmen – die Unternehmensprozesse beeinflussen können. Ein sensibler und vertrauensvoller Umgang mit den Daten zeigt, dass sie ernst genommen werden.
- **Verbesserung der internen Kommunikation:** Die Mitarbeiter können ein Feedback zu unternehmenspolitischen Fragestellungen geben. Das führt einerseits zu einem unmittelbaren Informationsgewinn und andererseits zu der Erkenntnis, dass auf die eigene Arbeitssituation Einfluss genommen werden kann.

3.3.4.1 Interview

Tz. 186

persönliches Gespräch

Mit einem Interview sollen in einem **persönlichen Gespräch** zwischen Befragtem und Interviewer die Ausprägungen der jeweiligen Untersuchungsmerkmale ermittelt werden. Interviews werden vor allem bei komplexen Themen eingesetzt, wenn voraussichtlich individuelle Erklärungen notwendig werden.

Für den Interviewer ist eine vertiefte Einarbeitung in die Thematik unbedingt erforderlich. Je souveräner das Interviewthema beherrscht wird, desto fundierter kann die Befragung sein.

Schwierig kann die Auswahl der Interviewpartner sein, die gleichzeitig sachkundig sein müssen, über die Bereitschaft zur Weitergabe ihres Wissens und ihrer Erfahrungen verfügen müssen und zudem kommunikativ so versiert sind, dass ein erfolgreiches Gespräch möglich ist.

Vorteile	Nachteile
Gezielte Nachfragen sind möglich	Befragte können eigene Interessen einbringen
Direkte Information „vor Ort"	Kommunikationsprobleme können die Ergebnisse beeinträchtigen
Partizipation der Betroffenen	Konsequenzeffekt kann zu Scheinlösungen führen

3.3.4.2 Fragebogen

Tz. **187**

große Anzahl

Bei Einsatz von Fragebögen soll durch eine möglichst große Anzahl von Rückläufen eine breite Informationsbasis geschaffen werden, um daraus statistisch belastbare, stichhaltige und quantitative Schlussfolgerungen ziehen zu können. Da der Rücklauf von Fragebögen aber oft sehr gering ist, kommt der Repräsentativität der Antworten eine besondere Bedeutung zu.

Vorteile	Nachteile
Niedrige Kosten	Befragungssituation nicht kontrollierbar
Keine Beeinflussung durch Interviewer	Erläuterungen bei Verständnisproblemen nicht möglich
Flexibler Zeitrahmen	Rücklaufquote oft sehr niedrig
Mögliche Anonymität der Befragten	Bei anonymer Rückgabe Repräsentativität nicht gewährleistet

3.3.5 Coaching

Tz. 188

Einzelberatung

Coaching ist eine lösungs- und zielorientierte persönliche Einzelberatung von Führungskräften. Wahrnehmungsblockaden sollen gelöst und Prozesse der Selbstorganisation initiiert werden, damit bei aktuellen Problemen und kommenden Herausforderungen Handlungsalternativen reflektiert und bewertet werden können, um optimale Ergebnisse zu erreichen. Gesprächsinhalte sind z. B.:

- Probleme am Arbeitsplatz,
- Vereinbarkeit von Familie und Beruf,
- Stressbewältigung,
- Führungsprobleme,
- Motivationsprobleme bei Mitarbeitern.

3.3.6 Weiterbildung

Tz. 189

Durch berufliche Weiterbildung werden bereits vorhandenes berufliches Wissen und Können vertieft oder erweitert. Viele Tätigkeiten verlangen durch technische Weiterentwicklung, zunehmende Spezialisierung und steigende Kundenanforderungen permanente Anpassungen an steigende Herausforderungen.

steigende Herausforderungen

- **Arbeitgeber** erwarten von ihren Mitarbeitern eine kontinuierliche Qualifizierung, um die Innovationskraft und Produktivität des Unternehmens erhalten zu können. Wettbewerbsvorteile und damit der Geschäftserfolg sollen so gesichert und gestärkt werden.
- Die **Arbeitnehmer** erwarten Unterstützung bei ihrer beruflichen Entwicklung, wobei zunehmend Wert gelegt wird auf die Vereinbarkeit von Beruf und Familie. Besonders bei gut qualifizierten Mitarbeitern entsteht Frustration, wenn die Aufstiegs- und Weiterbildungsmöglichkeiten als wenig attraktiv empfunden werden. Die Teilnahme an Maßnahmen der beruflichen Weiterbildung eröffnet bessere Karrierechancen und einen sicheren Arbeitsplatz. Das motiviert die Beschäftigten und bindet sie an den Betrieb.

Maßnahmen, die neue Kompetenzen zur Bewältigung der steigenden Anforderungen vermitteln, werden als **Anpassungsfortbildung** bezeichnet. Arbeitgeber können damit erreichen, dass die notwendigen beruflichen Handlungskompetenzen ihrer Mitarbeiter den aktuellen Anforderungen genügen.

Die Maßnahmen zur Verbesserung von Qualifikationen für eine berufliche Karriere werden als **Aufstiegsfortbildung** bezeichnet. Arbeitgeber können sich dadurch potenzielle Führungskräfte sichern, Arbeitnehmern eröffnen sich interessante Perspektiven.

1.) Nennen Sie je zwei eindimensionale und zwei mehrdimensionale Führungsstile.

- *Eindimensional: Autoritärer, partizipativer Führungsstil (Tz. 141 f.)*
- *Mehrdimensional: Reifegrad, Managerial Grid (Tz. 144 f.).*

2.) Wodurch unterscheiden sich eindimensionale und mehrdimensionale Führungsstile?
Eindimensionale Führungsstile sind nur aufgabenorientiert (Tz. 141 ff.). Mehrdimensionale Führungsstile sind mitarbeiter- und aufgabenorientiert (Tz. 144 f.).

3.) Wodurch unterscheiden sich formelle und informelle Gruppen?
Formelle Gruppen sind bewusst geplant und formal strukturiert. Informelle Gruppen entstehen spontan und ungeplant in oder neben den formellen Gruppen (Tz. 149).

4.) Zielformulierungen sollen „SMART" sein. Was bedeutet diese Forderung?

S	*spezifisch*	*Ziele müssen präzise formuliert sein.*
M	*messbar*	*Ziele müssen nach klaren Kriterien überprüfbar sein.*
A	*angemessen*	*Ziele müssen herausfordernd und akzeptabel sein.*
R	*realistisch*	*Ziele müssen erreichbar sein.*
T	*terminiert*	*Für die Zielerreichung muss ein Zeitpunkt festgelegt sein.*

(Tz. 159)

5.) Welche Anlässe für ein Mitarbeitergespräch kennen Sie?
Z. B. Ende der Probezeit, Ablauf eines befristeten Arbeitsvertrags, Kündigung, Beurteilungsgespräche, Konfliktgespräche, Personalentwicklungsgespräche (Tz. 168).

6.) Wodurch unterscheiden sich Primär- und Sekundärmotivation?
Bei der Primärmotivation liegt der Anreiz für menschliches Verhalten in einer Handlung selbst. Bei der Sekundärmotivation liegt der Anreiz für menschliches Verhalten in der Belohnung des Handlungsergebnisses (Tz. 177).

7.) Welche Motivationstheorien sind Ihnen bekannt?
Bedürfnistheorien, Erwartungstheorie, Zielsetzungstheorie, Reaktionstheorie, Gleichheitstheorie (Tz. 178 ff.).

8.) Wodurch unterscheiden sich nach *Herzberg* Hygienefaktoren und Motivatoren?
Die Berücksichtigung von Hygienefaktoren vermeidet Unzufriedenheit, führt aber nicht zu Zufriedenheit. Motivatoren begründen die Motivation zur Arbeitsleistung aus dem Arbeitsinhalt. Ihr Fehlen führt aber nicht notwendig zu Unzufriedenheit (Tz. 179).

9.) Welchen wesentlichen Vorteil hat eine Mitarbeiterbefragung?
Durch Mitarbeiterbefragungen können Schwachstellen erkannt werden, weil die Mitarbeiter darüber besonders gut Auskunft geben können. Sie sind von bestehenden Problemen betroffen und verfügen über Wissen zu Ursachen und möglichen Lösungen (Tz. 185).

10.) Welche Interessen haben Arbeitgeber und Arbeitnehmer an einer Weiterbildung?
Arbeitgeber wollen die Produktivität des Unternehmens erhalten und dadurch den Geschäftserfolg sichern und stärken. Arbeitnehmer erwarten bessere Karrierechancen und einen sicheren Arbeitsplatz (Tz. 189).

11.) Wodurch unterscheiden sich Anpassungsfortbildung und Aufstiegsfortbildung?
Durch eine Anpassungsfortbildung sollen bei steigenden Anforderungen am Arbeitsplatz die notwendigen beruflichen Handlungskompetenzen vermittelt werden. Eine Aufstiegsfortbildung dient der Verbesserung von Qualifikationen für eine berufliche Karriere (Tz. 189).

VI. Planen und Durchführen der Berufsausbildung

Tz. 190

keine formalen Voraussetzungen

Die wichtigsten Regeln zur Berufsausbildung enthalten das **Berufsbildungsgesetz** und die **Handwerksordnung**, für einige Berufe existieren besondere Regelungen in eigenen Gesetzen. Die betriebliche Ausbildung ist in den **Ausbildungsordnungen** geregelt. Für die Aufnahme einer Ausbildung gibt es keine formalen Voraussetzungen, tatsächlich werden aber ein Schulabschluss oder vergleichbare Qualifikationen erwartet. Je nach Beruf und persönlichen Voraussetzungen dauert die Ausbildung 2 bis 3,5 Jahre.

Duales System

Die Berufsausbildung wird im **Dualen System** durchgeführt, d. h. an zwei Lernorten:

- Die **Berufsschule** soll die Allgemeinbildung fördern und mit einer breit angelegten beruflichen Grundbildung das jeweilige fachtheoretische Wissen sichern. Sie vermittelt die erforderlichen praktischen und theoretischen Qualifikationen und Kompetenzen.
- Die fachpraktischen Kenntnisse werden am **Arbeitsplatz** in den Unternehmen oder in überbetrieblichen Ausbildungsstätten erworben. Beide arbeiten zusammen, um eine möglichst optimale Qualifikation der Auszubildenden zu sichern.

Die duale Ausbildung erfolgt parallel im Betrieb und in der Berufsschule. Sie ist durch das Berufsbildungsgesetz und die Ausbildungsordnungen der jeweiligen Berufe geregelt.

1. Gesetzliche Vorschriften

1.1. Berufsbildungsgesetz

Tz. 191

Das Berufsbildungsgesetz (BBiG) enthält die wesentlichen Rechtsvorschriften für die Ausbildung und Fortbildung und für die Gestaltung des Prüfungswesens. Es regelt

- die Verteilung der Ausbildungskompetenzen,
- die Rechte und Pflichten von Auszubildenden,
- die Rechte und Pflichten der Ausbildenden,
- die Kündigungsmöglichkeiten und
- das Prüfungswesen.

zuständige Stelle

Die Überwachung der Ausbildung und die Durchführung der Prüfungen erfolgt durch die „zuständige Stelle", das ist i. d. R. die für den Auszubildenden maßgebliche Kammer (z. B. Industrie- und Handelskammer, Handwerkskammer, Landwirtschaftskammer, Ärztekammer).

1.2 Ausbildungsordnungen

Tz. 192

Eine einheitliche und geordnete Ausbildung wird durch eine Ausbildungsordnung sichergestellt, die es für ca. 350 anerkannte Ausbildungsberufe gibt. Der Inhalt des in der Ausbildungsordnung enthaltenen Ausbildungsrahmenplans ist verbindlich, methodisch und organisatorisch hat der Ausbildungsbetrieb jedoch weitgehende Gestaltungsfreiheit. Der individuelle betriebliche Ausbildungsplan ist Bestandteil des Berufsausbildungsvertrags.

1.3 Ausbildereignungsverordnung

Tz. 193

Die Ausbildereignungsverordnung (AEVO) enthält Bestimmungen zur berufs- und arbeitspädagogischen Eignung der Ausbilder, zu den Prüfungsausschüssen und zur Prüfungsordnung. Ausbilder müssen Qualifikationen in folgenden Handlungsfeldern vorweisen (§ 2 AEVO):

- Planung der Ausbildung,
- Mitwirkung bei der Einstellung von Auszubildenden,
- Ausbildung am Arbeitsplatz,

- Förderung des Lernprozesses,
- Ausbildung in der Gruppe,
- Ausbildung beenden.

AEVO-Prüfung

Die genannten Qualifikationen müssen in einer **Prüfung** nachgewiesen werden. Befreiungsklauseln ermöglichen, dass bisher erfolgreiche Ausbilder auch weiterhin keine Prüfung ablegen müssen. Bei zahlreichen Fortbildungsabschlüssen gehört die Ausbildereignung bereits zum Qualifikationsprofil.

1.4 Schutzgesetze

Tz. 194

Die Qualität der Ausbildung und der Schutz der Auszubildenden werden in weiteren Gesetzen geregelt:

- Das **Jugendarbeitsschutzgesetz** enthält Vorschriften zur Arbeitszeit, zum Mindesturlaub, zu ärztlichen Untersuchungen, zur persönlichen Eignung der Ausbilder.
- Das **Betriebsverfassungsgesetz** regelt die Rechte des Betriebsrats und der Jugend- und Auszubildendenvertretung.
- Das **Mutterschutzgesetz** stellt werdende und junge Mütter unter besonderen Schutz.
- Das **Bürgerliche Gesetzbuch** bestimmt, dass die Verträge eingehalten werden müssen und regelt Schadensersatzansprüche bei Nichterfüllung.

2. Beteiligte und Mitwirkende an der Ausbildung

Tz. 195

Beteiligte an der Berufsausbildung

An der Berufsausbildung sind hauptsächlich vier Personengruppen beteiligt:

- Ausbildende (§ 10 BBiG),
- Ausbilder (§ 28 Abs. 2 BBiG),
- Ausbildungsbeauftragte (§ 28 Abs. 3 BBiG),
- Auszubildende.

Die nachfolgende Abbildung zeigt das Zusammenwirken:

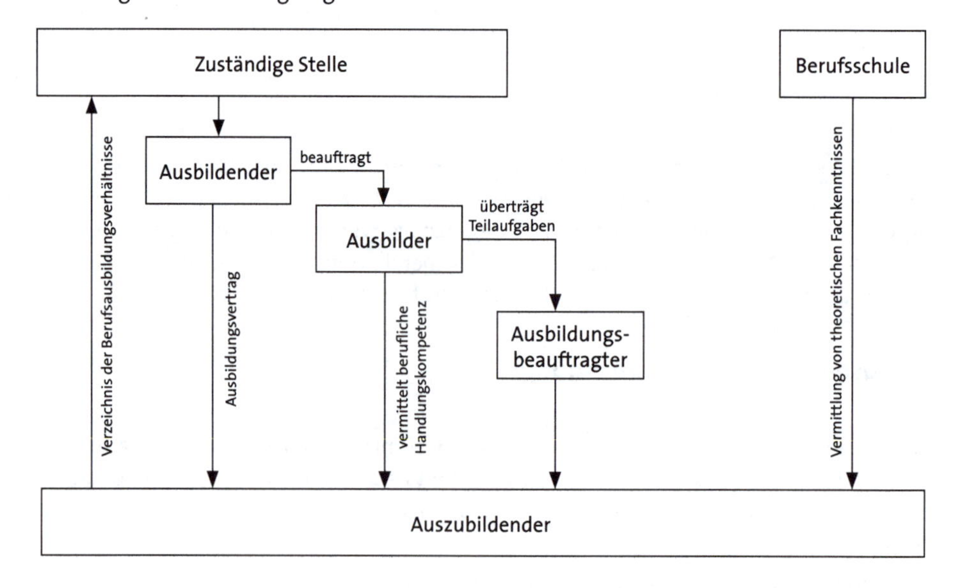

Der **Ausbilder** ist der vom **Ausbildenden** mit der **Ausbildung** der **Auszubildenden** Beauftragte.

2.1 Ausbildender

Tz. 196

Berufsausbildungsvertrag

Ausbildende sind die Arbeitgeber (auch juristische Personen), die in ihrem Betrieb Auszubildende einstellen. Sie schließen einen Berufsausbildungsvertrag und tragen die Verantwortung dafür, dass der Auszubildende die beruflichen Handlungsfähigkeiten erlangt, die zum Erreichen des Ausbildungsziels erforderlich sind. Der Ausbildende kann die Ausbildung selbst durchführen oder einen Ausbilder damit beauftragen.

2.2 Ausbilder

Tz. 197

Der Ausbilder übernimmt im Auftrag des Ausbildenden Planung, Durchführung und Kontrolle der Berufsausbildung. Er vermittelt unmittelbar, verantwortlich und in wesentlichem Umfang die Ausbildungsinhalte. Nach dem Berufsbildungsgesetz darf nur ausbilden, wer persönlich und fachlich dazu geeignet ist.

fachliche Eignung

Fachlich geeignet ist, wer

- die erforderlichen beruflichen Fertigkeiten, Kenntnisse und Fähigkeiten besitzt,
- die Abschlussprüfung in einer dem Ausbildungsberuf entsprechenden Fachrichtung bestanden hat,
- eine angemessene Berufspraxis nachweisen kann und
- über berufs- und arbeitspädagogische Kenntnisse verfügt.

Die berufs- und arbeitspädagogische Eignung muss durch eine Prüfung nach der Ausbildereignungsverordnung (§ 4 AEVO) nachgewiesen werden.

persönliche Eignung

Für die persönliche Eignung enthält das Berufsbildungsgesetz keine positive Begriffsbestimmung. Damit ist die persönliche Eignung gegeben, wenn keine besonderen Gründe entgegenstehen. Nach § 29 BBiG ist aber festgelegt, dass persönlich nicht geeignet ist, wer

- Kinder und Jugendliche nicht beschäftigen darf,
- für bestimmte Straftaten verurteilt worden ist (§ 25 Abs. 1 JuSchG) oder
- wiederholt bzw. schwer gegen das Berufsbildungsgesetz oder die aufgrund des Berufsbildungsgesetzes erlassenen Vorschriften und Bestimmungen verstoßen hat.

Die zuständige Stelle überwacht die persönliche und fachliche Eignung der Ausbilder. Falls Mängel nicht beseitigt werden, kann die Einstellung von Auszubildenden untersagt werden.

2.3 Ausbildungsbeauftragter

Tz. 198

Der Ausbilder kann einzelne Ausbildungsaufträge oder die Übernahme ganzer Ausbildungsbereiche delegieren. Dadurch können die Auszubildenden verschiedene Arbeitsplätze und Abteilungen kennenlernen. Die beauftragten Personen vermitteln ihre Kenntnisse, Fertigkeiten und Fähigkeiten und tragen damit zum Gelingen der Ausbildung bei, sie sind aber nicht für die Ausbildung direkt verantwortlich.

2.4 Ausbildungsbetrieb

Tz. 199

Voraussetzungen

Ein Ausbildungsbetrieb muss folgende Bedingungen erfüllen:

- Für jeden Beruf, in dem ausgebildet werden soll, muss eine Ausbildungsordnung vorliegen. Daraus ist zu ersehen, welche Fertigkeiten und Kenntnisse vermitteln werden müssen.
- Die systematische Ausbildung muss nach einem Ausbildungsplan erfolgen.

- Die Einrichtung muss für die Ausbildung geeignet sein. Sie muss so beschaffen sein, dass die notwendigen Fertigkeiten und Kenntnisse sowie erste Berufserfahrungen erworben werden können.
- Für jeden Auszubildenden muss ein Arbeitsplatz vorhanden sein.
- Die Zahl der Auszubildenden muss in einem angemessenen Verhältnis zu den Fachkräften stehen. Als Richtschnur kann gelten, dass auf einen Auszubildenden etwa drei Fachkräfte kommen müssen.

2.5 Kooperationen

Tz. 200

Zusammenarbeit

Für den Fall, dass ein Ausbildungsbetrieb nicht alle Inhalte der Ausbildungsordnung vermitteln kann, ist die Zusammenarbeit mit anderen Betrieben möglich:

- **Ausbildung im Verbund:** Der Ausbildungsvertrag kann vorsehen, dass bestimmte Inhalte, die im Ausbildungsbetrieb nicht erlernt werden können, in einem anderen Betrieb vermittelt werden. Die Regelungen sind vertraglich zu vereinbaren.
- **Überbetriebliche Ausbildung:** Zu Ausbildungsinhalten, die vom Ausbildungsbetrieb wegen fehlender Voraussetzungen nicht vermittelt werden können, bieten überbetriebliche Einrichtungen meist mehrwöchige Lehrgänge an. Träger sind i. d. R. Kammern oder Innungen.
- **Außerbetriebliche Ausbildung:** Die außerbetriebliche Ausbildung wird durch staatliche Programme finanziert und in Berufsbildungseinrichtungen durchgeführt. Sie soll vor allem benachteiligten Jugendlichen eine Berufsausbildung ermöglichen.

3. Betriebliche Ausbildungsabläufe

Tz. 201

Ausbildungsplan

Die sachliche und zeitliche Gliederung der Berufsausbildung wird als **betrieblicher Ausbildungsplan** bezeichnet. Er wird aus dem Ausbildungsrahmenplan entwickelt, der Bestandteil jeder Ausbildungsordnung ist, aber nur eine Orientierung für die konkrete sachliche und zeitliche Gliederung des Ausbildungsverhältnisses ist, die an die betrieblichen und individuellen Gegebenheiten angepasst werden muss.

Der Berufsausbildungsvertrag muss nach § 4 BBiG Angaben zur sachlichen und zeitlichen Gliederung der Ausbildung enthalten. Sie müssen dem tatsächlichen Ausbildungsablauf entsprechen, die Beschreibung eines fiktiven oder idealtypischen Ablaufs ist nicht erlaubt.

3.1 Zeitliche Gliederung

Tz. 202

Für die zeitliche Gliederung der Ausbildung gelten folgende Regelungen:

- Es sollen überschaubare Abschnitte vorgesehen werden, die auf die Ausbildungsjahre zu verteilen sind. Sie sollen sich an der Reihenfolge in der Prüfung orientieren.
- Die Dauer der Ausbildungsabschnitte kann den Fähigkeiten des Auszubildenden und den Besonderheiten der Ausbildungsstätte angepasst werden, wenn dadurch das Ausbildungsziel nicht beeinträchtigt wird.
- Abhängig von den betrieblichen Gegebenheiten können auch flexible Regelung getroffen werden, wenn zeitliche Richtwerte vorgegeben sind.
- Nur in begründeten Ausnahmefällen kann von dem betrieblichen Ausbildungsplan abgewichen werden.

Die Ausbildungsorte, Abteilungen und Werkstätten sollen jeweils genannt werden.

3.2 Sachliche Gliederung

Tz. 203

Für die sachliche Gliederung der Ausbildung gelten folgende Regelungen:

vom Allgemeinen zum Besonderen

- Alle im Ausbildungsrahmenplan aufgeführten Fertigkeiten und Kenntnisse müssen enthalten sein. Die Anforderungen in den Zwischen- und Abschlussprüfungen sind zu berücksichtigen.
- Die sachliche Gliederung soll dem Grundsatz folgen, dass eine Spezialisierung erst nach Vermittlung der Grundkenntnisse erfolgt.
- Es sollen Ausbildungseinheiten gebildet werden, die bestimmten Funktionen oder Abteilungen zugeordnet werden können.
- Bei größeren Ausbildungseinheiten sollen sachlich gerechtfertigte Unterabschnitte gebildet werden.
- Die betrieblichen und gegebenenfalls außerbetrieblichen Maßnahmen müssen sinnvoll abgestimmt sein und aufeinander aufbauen.

4. Ausbildung

Tz. 204

Bei einer Ausbildung werden in einer bestimmten Zeit systematisch und organisiert Fähigkeiten und Kenntnisse so vermittelt, dass sie in Prüfungssituationen verlässlich reproduziert werden können. Zur Vermittlung dieser Qualifikationen werden unterschiedliche Lehrmethoden eingesetzt.

4.1 Ausbildungsmethoden

Tz. 205

Vermittlung praktischer Kenntnisse

Neben theoretischen Kenntnissen sind praktische Kenntnisse erforderlich, die durch Unterweisung und die Reflexion des eigenen methodischen Handelns erworben werden.

Tz. 206

- **Vier-Stufen-Methode**

  Die Arbeitsunterweisung erfolgt prinzipiell in vier Stufen:

  - **Vorbereitung:** Die Tätigkeit wird den Auszubildenden vorgestellt und ihr Interesse geweckt. Die notwendigen Unterlagen und das Material werden bereitgestellt.
  - **Vorführung:** Der Arbeitsvorgang wird den Auszubildenden gezeigt, erklärt und gegebenenfalls wiederholt.
  - **Ausführung:** Der Arbeitsvorgang wird unter Aufsicht des Ausbilders wiederholt. Die Auszubildenden erklären ihre Arbeit dabei, damit eventuelle Verständnisprobleme deutlich werden.
  - **Abschluss:** Der Arbeitsvorgang wird so lange geübt, bis er einwandfrei beherrscht wird. Der Ausbilder kontrolliert und gibt notwendige Hilfestellungen.

  Praktischen Tätigkeiten können auf diese Weise automatisiert werden. Diese handlungsorientierte Methode ist geeignet, wenn einfach strukturierte Aufgaben erlernt werden sollen.

Tz. 207

- **Projektmethode**

  Von einem Projektteam wird in einer vorgegebenen Zeit eine komplexe Aufgabe vollständig bearbeitet. Die Vorgehensweise wird dabei von den Auszubildenden bestimmt, die Auswertung erfolgt mit dem Ausbilder gemeinsam.

Tz. 208

- **Leittextmethode**

  Ein schriftlicher Leittext unterstützt die Auszubildenden im Selbstlernen, indem er durch Fragen und Aufgaben führt. Die Geschwindigkeit können die Lernenden selbst bestimmen. Diese Methode ist besonders zur Förderung von Schlüsselqualifikationen geeignet.

Tz. 209

- **Lernauftrag**

  Die Auszubildenden erhalten Aufträge zur Bearbeitung, die ihrem Wissens- und Kenntnisstand entsprechen und die Lernziele unterstützen.

Tz. 210

- **Rollenspiel**

  In einer fiktiven Situation übernehmen die Auszubildenden verschiedene Rollen, um sich in die Denkweise von Kunden, Lieferanten, Vorgesetzten usw. einfühlen und das eigene Verhalten entsprechend anpassen zu können. Das kann mehrfach mit unterschiedlichen Rollen geübt werden. Gemeinsam mit dem Ausbilder wird das Rollenspiel anschließend ausgewertet.

Tz. 211

- **Planspiel**

  Eine praxisnahe betriebliche Situation wird simuliert, in der von den Auszubildenden eine unternehmerische Entscheidung zu treffen ist. Bei Änderung der vorgegebenen Parameter wird erkennbar, wie die Entscheidung gegebenenfalls angepasst werden muss.

Tz. 212

- **Kurzvortrag**

  Für zeitsparende Informationen eignet sich eine komprimierte Darstellung zur Einführung in ein neues Thema oder eine neue Aufgabe. Bei Unterstützung durch Medieneinsatz wird von einer Präsentation gesprochen.

Tz. 213

- **Gruppenarbeit**

  Sozialkompetenz und Teamfähigkeit können gefördert werden, wenn Auszubildende gemeinsam an Lernaufträgen arbeiten. Sie können sich dabei gegenseitig ergänzen und Schwächere können von den Stärkeren unterstützt werden.

Tz. 214

- **Lehrgespräch**

  Ausbilder und Auszubildender reflektieren eine Unterweisung oder bereiten ein neues Thema vor. Durch anregende offene Fragen wird das aktive Mitarbeiten gefördert. So lassen sich z. B. Fachbegriffe besprechen oder Zusammenhänge erläutern.

4.2 Berichtsheft

Tz. 215

Ausbildungsnachweis ist verpflichtend

In den Ausbildungsordnungen ist die Verpflichtung zum Führen eines Ausbildungsnachweises (§ 43 Abs. 1 Nr. 2 BBiG) geregelt. Der Ausbilder muss die Auszubildenden dazu anzuhalten und den Ausbildungsnachweis regelmäßig durchsehen. Er ist vom Auszubildenden, dem Ausbilder, dem Betriebsrat und (bei Minderjährigen) den Erziehungsberechtigten monatlich zu unterschreiben.

Der schriftliche Ausbildungsnachweis

- soll Auszubildende und Ausbildende zur Reflexion über die Inhalte und den Verlauf der Ausbildung anhalten;
- soll den zeitlichen und sachlichen Ablauf der Ausbildung im Betrieb und in der Berufsschule dokumentieren;

- soll die zuständigen Stellen in einfacher Form nachvollziehbar und nachweisbar über den Ausbildungsverlauf informieren;
- ist Bedingung für die Zulassung zur Abschlussprüfung.

Die Ausbildenden können vom Auszubildenden zusätzlich die Anfertigung weitergehender Nachweise (z. B. Fachberichte) verlangen.

4.3 Prüfungsvorbereitung und -teilnahme

Tz. 216

Prüfungsausschuss

In den anerkannten Ausbildungsberufen müssen nach § 37 BBiG Abschlussprüfungen durchgeführt werden. Sie werden nach § 39 BBiG von einem Prüfungsausschuss der „zuständigen Stelle" durchgeführt. Ablauf und Inhalte bestimmen die jeweiligen Ausbildungs- und Prüfungsordnungen.

Die beste Vorbereitung ist eine flexible, an den Vorgaben der Ausbildungsordnung orientierte Gestaltung der Ausbildung. Theoretische und praktische Anteile sollen dabei eng verzahnt sein. Es muss sichergestellt sein, dass alle vorgesehenen Lerninhalte vermittelt werden.

Die praktische Prüfung wird durch den Prüfungsausschuss in den Betrieben abgenommen.

4.3.1 Anmeldung

Tz. 217

Die Anmeldung zur Prüfung erfolgt i. d. R. durch den Ausbildungsbetrieb, der die Auszubildenden bei der örtlichen Kammer für einen Prüfungstermin anmeldet und auch die Prüfungsgebühren zahlt.

4.3.2 Freistellung

Tz. 218

Auszubildende müssen für die Teilnahme an Prüfungen freigestellt werden. Jugendliche sind zusätzlich an dem Arbeitstag unmittelbar vor der schriftlichen Abschlussprüfung freizustellen. Die Zeit der Freistellung gehört zur Arbeitszeit, deshalb ist dem Auszubildenden die Ausbildungsvergütung fortzuzahlen.

4.4 Abschluss oder Verlängerung der Ausbildung

Tz. 219

Zeugnis

Bei bestandener Prüfung endet die Berufsausbildung an dem Tag, an dem der Prüfungsausschuss die Ergebnisse bekannt gibt. Der erfolgreiche Abschluss der Berufsausbildung wird mit einem Abschlusszeugnis bestätigt.

Kaufmännische Berufe	→	IHK-Prüfungszeugnis
Industrielle Berufe	→	Facharbeiterbrief
Handwerk	→	Gesellenbrief

Wenn die Prüfung nicht bestanden ist, teilt die zuständige Stelle mit, ob eine Nachprüfung möglich ist. Dann müssen nur die entsprechenden Fächer wiederholt werden.

Wenn keine Nachprüfung möglich ist, kann die Abschlussprüfung zweimal wiederholt werden (§ 37 BBiG). Die Berufsausbildung kann dann zweimal, aber maximal um ein Jahr verlängert werden.

Fragen zur Ausbildung werden gerne gestellt, weil die Prüfer davon ausgehen, dass jeder Teilnehmer schon aus eigener Erfahrung dazu Stellung nehmen kann.

1.) Was ist die Besonderheit am Dualen System?

Die Allgemeinbildung und die erforderlichen theoretischen Qualifikationen und Kompetenzen werden in der Berufsschule vermittelt. Die fachpraktischen Kenntnisse werden am Arbeitsplatz in den Unternehmen oder in überbetrieblichen Ausbildungsstätten erworben (Tz. 190).

2.) Was unterscheidet die Ausbildungsordnung von der Ausbildereignungsverordnung?

Die Ausbildungsordnung sichert eine einheitliche und geordnete Ausbildung durch einen verbindlichen Ausbildungsrahmenplan (Tz. 192). Die Ausbildereignungsverordnung enthält die Bestimmungen zur berufs- und arbeitspädagogischen Eignung der Ausbilder, zu den Prüfungsausschüssen und zur Prüfungsordnung (Tz. 193).

3.) Worin liegt der Unterschied zwischen Ausbildenden und Ausbilder?

Ausbildende schließen den Berufsausbildungsvertrag mit dem Auszubildenden und tragen die Verantwortung dafür, dass er die beruflichen Fähigkeiten erlangt, die zum Erreichen des Ausbildungsziels erforderlich sind (Tz. 196). Der Ausbilder übernimmt im Auftrag des Ausbildenden Planung, Durchführung und Kontrolle der Berufsausbildung. Er vermittelt unmittelbar, verantwortlich und in wesentlichem Umfang die Ausbildungsinhalte (Tz. 197).

4.) Was ist ein Ausbildungsbeauftragter?

Der Ausbildungsbeauftragte wird vom Ausbilder mit der Vermittlung von Kenntnissen, Fertigkeiten und Fähigkeiten beauftragt. Dadurch können die Auszubildenden verschiedene Arbeitsplätze und Abteilungen kennenlernen. Der Ausbildungsbeauftragte ist aber nicht für die Ausbildung direkt verantwortlich (Tz. 198).

5.) Welche Kooperationen sind vorgesehen, wenn ein Ausbildungsbetrieb nicht alle Inhalte der Ausbildungsordnung vermitteln kann?

Ausbildung im Verbund, überbetriebliche Ausbildung, außerbetriebliche Ausbildung (Tz. 200).

6.) In welchen Stufen erfolgt die fachpraktische Unterweisung nach der Vier-Stufen-Methode?

- *Vorbereitung: Die Tätigkeit wird dem Auszubildenden vorgestellt.*
- *Vorführung: Der Arbeitsvorgang wird dem Auszubildenden gezeigt.*
- *Ausführung: Der Arbeitsvorgang wird unter Aufsicht des Ausbilders wiederholt.*
- *Abschluss: Der Arbeitsvorgang wird geübt, bis er einwandfrei beherrscht wird.*

(Tz. 206)

VII. Fort- und Weiterbildung

Tz. 220

Qualifizierung der Mitarbeiter

Eine wichtige Teilfunktion des Personalmanagements ist die Deckung des Personalbedarfs durch Qualifizierung der vorhandenen Mitarbeiter. Dadurch wird gleichzeitig ein Beitrag zur Motivation, der Entwicklung der Unternehmenskultur und zur Erreichung der sozialen Ziele des Unternehmens geleistet.

MERKE

Fort- und Weiterbildung müssen genau unterschieden werden:

- Durch **Fortbildung** soll die vorhandene berufliche Bildung entweder erhalten, angepasst, erweitert oder für einen beruflichen Aufstieg ausgebaut werden: „Die berufliche Fortbildung soll es ermöglichen, die berufliche Handlungsfähigkeit zu erhalten und anzupassen oder zu erweitern und beruflich aufzusteigen“ (§ 1 Abs. 4 BBiG).
- **Weiterbildung** bezieht sich dagegen auf zusätzliche Qualifikationen zur beruflichen Neuorientierung oder zur Erlangung eines bestimmten Abschlusses.

Die Fort- und Weiterbildungsziele lassen sich allgemein kategorisieren nach:

- Unternehmenszielen,
- Mitarbeiterzielen,
- gesellschaftlichen Zielen.

Tz. 221

Interessenausgleich

Personalentwicklung agiert notwendig im Spannungsfeld zwischen Unternehmenszielen und Mitarbeiterzielen. Zwischen den Interessen des Unternehmens und der Mitarbeiter soll eine Annäherung und möglichst eine Übereinstimmung hergestellt werden. Dabei sind Tarifverträge, Betriebsvereinbarungen und ggf. weitere gesetzliche Rahmenbedingungen zu beachten.

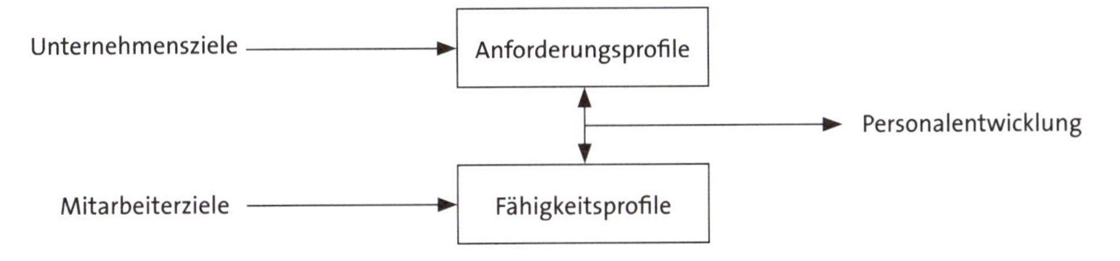

Die Mitarbeiter verfolgen eigene Interessen, die mit den Unternehmenszielen nicht übereinstimmen müssen. Unternehmen streben danach, die Wettbewerbsfähigkeit langfristig aufrecht zu erhalten. Zu den persönlichen Zielen der Mitarbeiter gehören neben der Erhöhung der Einkommen verstärkt auch Karriereziele, die Verbesserung der Mobilität auf dem Arbeitsmarkt und der Wunsch, Arbeit und Privatleben in ein ausgewogenes Verhältnis zu bringen. Die Interessenlage der Mitarbeiter ist aber nicht einheitlich. Sie hängt ab von der persönlichen und beruflichen Situation.

1. Personalentwicklungsplanung

Tz. 222

systematische Förderung

Durch Personalentwicklung sollen die **berufliche Handlungskompetenz** und die Qualifizierung der Mitarbeiter systematisch unterstützt und verbessert werden. Häufig steht im Mittelpunkt die Förderung der Bereitschaft, neue fachliche und soziale Herausforderungen anzunehmen.

Personalentwicklung umfasst alle Maßnahmen, um Mitarbeiter auf den Beruf vorzubereiten und die berufliche Qualifikation zu erhalten und zu verbessern. Sie können sich auf Wissen, Können und Verhalten beziehen.

Die Personalentwicklung ist Teil der Unternehmensstrategie und wird deshalb aus den Unternehmenszielen abgeleitet. Es handelt sich oft um langfristig angelegte Maßnahmen.

Der Maßnahmenplanung geht eine Bedarfsanalyse voraus. Die geforderten Qualifikationen werden den bereits vorhandenen gegenübergestellt und auf diese Weise der Schulungs- und Entwicklungsbedarf ermittelt.

1.1 Beurteilung

Tz. 223

In regelmäßigen Abständen muss der Vorgesetzte die Leistung, das Verhalten und die Persönlichkeit der Mitarbeiter bewerten. Dadurch soll das Potenzial für weitere Aufgaben beschrieben und nutzbar gemacht werden. Der Mitarbeiter erfährt die Einschätzung seiner Position und Situation im Unternehmen, was Einfluss auf seine Leistungsmotivation haben wird. Die Beurteilung dient also der Qualitätssicherung oder -verbesserung.

Ziele der Beurteilung

Wichtigste Ziele der Mitarbeiterbeurteilung sind die Steigerung der Produktivität und die Erhöhung der Motivation der einzelnen Mitarbeiter. Dazu muss sie systematisch und professionell durchgeführt werden. Eine ausführliche Mitarbeiterbeurteilung erfordert fest definierte Leistungsstandards. Die Aufstellung allgemeiner Beurteilungsgrundsätze bedarf nach § 94 Abs. 2 BetrVG der Zustimmung des Betriebsrats.

In einem persönlichen Gespräch kann nach Möglichkeiten zur weiteren Verbesserung gesucht werden, Ziele für die einzelnen Mitarbeiter können vereinbart werden. Die Beurteilung bezieht sich i. d. R. auf drei Bereiche:

- Die Erreichung der vereinbarten Leistungsziele wird systematisch überprüft und kontrolliert.
- Das Gesamtbild der Leistung und des Verhaltens der Mitarbeiter wird dargestellt.
- Gezielte Maßnahmen hinsichtlich neuer Ziele werden vereinbart. Dazu zählen auch die Fort- und Weiterbildung.

Tz. 224

Bei der merkmalsorientierten Beurteilung werden standardisierte Verfahren eingesetzt, bei denen die Mitarbeiter mithilfe einer mehrstufigen Skala bewertet werden. Zur Erreichung zuvor festgelegter Ziele werden zielorientierte Verfahren genutzt. Tatsächlich wird oft eine merkmalsorientierte Bewertung mit einer Zielfeststellung und ergänzenden offenen Beschreibungen kombiniert. Alle Verfahren müssen so transparent wie möglich sein. Dazu gehört, dass sie gut vorbereitet werden und gut verständlich sein müssen.

Beurteilungsfehler

Die Bedeutung der Beurteilungen erfordert eine möglichst vorurteilsfreie Vorgehensweise. Aufgrund der notwendigen subjektiven Einschätzungen sind jedoch zahlreiche Beurteilungsfehler möglich:

- **Halo-Effekt (Heiligenschein-Effekt):** Ein besonders herausragendes Merkmal wird auf die übrigen Eigenschaften übertragen.
- **Recency-Effekt (Nikolaus-Effekt):** Die Bewertung beruht auf einem Ereignis, das erst kürzlich stattgefunden hat und deshalb noch gut in Erinnerung ist.
- **Primacy-Effekt (First-Impression-Effekt):** Der erste Eindruck überlagert alle späteren Erkenntnisse.
- **Kleber-Effekt:** Wenn jemand lange nicht befördert worden ist („an seinem Stuhl klebt"), wird das seine Gründe haben, die Beurteilung fällt tendenziell schlechter aus.
- **Hierarchie-Effekt:** Wenn ein Mitarbeiter eine höhere Hierarchiestufe erreicht hat, wird das seinen Grund haben. Er wird tendenziell besser beurteilt.
- **Tendenz zur Mitte:** Um unangenehmen Situationen vorzubeugen, wird auf besonders gute oder besonders schlechte Bewertungen verzichtet.
- **Nähe-Effekt:** Mitarbeiter, mit denen eine enge Arbeitsbeziehung oder räumliche Nähe besteht, werden eher positiv bewertet.

Tz. 225

Neben der Mitarbeiterbeurteilung gibt es weitere Beurteilungsformen:

- **Vorgesetztenbeurteilung:** Direkt unterstellte Mitarbeiter bewerten das Führungsverhalten, die Kenntnisse und Fähigkeiten ihres Vorgesetzten.
- **Gleichgestelltenbeurteilung:** Wenn eine begrenzte Zahl gleichrangiger Mitarbeiter zusammenarbeitet, können sie sich gegenseitig nach verschiedenen Kriterien beurteilen.
- **Mehrfachbeurteilung:** Drei bis vier Personen nehmen eine voneinander unabhängige Bewertung vor. Das Ergebnis wird als Mittelwert festgestellt.
- **360-Grad-Beurteilung:** Neben der Einschätzung des direkten Vorgesetzten werden die Meinungen weiterer interner (Führungskräfte, Kollegen) und externer Personen (Kunden, Lieferanten) bei der Beurteilung berücksichtigt.

Obwohl das Thema „Beurteilung" im Rahmenplan nicht ausdrücklich erwähnt wird, muss damit gerechnet werden, dass es in der Prüfung (als „Mitarbeitergespräch") abgefragt wird. Gerne wird dabei nach möglichen Beurteilungsfehlern gefragt.

1.2 Anforderungsprofil

Tz. 226

Mit dem Abgleich von Anforderungs- und Eignungsprofilen der Mitarbeiter lassen sich Lücken feststellen und damit Ansatzpunkte für gezielte Weiterbildungsmaßnahmen finden.

1 = wichtig, 6 = unwichtig	1	2	3	4	5
Fachkenntnisse					
BiBu-Prüfung					
Teamfähigkeit					
Kenntnisse MS-Office					
Fachenglisch					
FoBi-Bereitschaft					
Führungsfähigkeit					
Verantwortungsbereitschaft					
....					

——— Ist ---------- Soll

1.3 Potenzialanalysen

Tz. 227

Karrierepotenzial

Mit einer Potenzialanalyse soll die Eignung für eine Stelle ermittelt werden. Um das Karrierepotenzial zu ermitteln, kann ein Potenzialprofil erstellt und dann mit den betrieblichen Anforderungen verglichen werden. Die Potenzialanalyse ist die strukturierte Untersuchung dieser Fähigkeiten. Eventuell diagnostizierte Defizite können durch gezielte Maßnahmen beseitigt und erkannte Stärken gefördert werden.

Zum Potenzial der Mitarbeiter gehören u. a.:

- **Methodenkompetenz:** Probleme erkennen und geeignete Lösungsvorschläge erarbeiten.
- **Sozialkompetenz:** Beziehungen mit anderen Mitarbeitern angemessen gestalten.
- **Fachkompetenz:** Fachliches Wissen und Können anwenden.
- **Reflexionskompetenz:** Eigene Handeln kritisch bewerten.
- **Veränderungskompetenz:** Bereitschaft zu lebenslangem Lernen.

Tz. 228

Die Ergebnisse der Potenzialanalysen werden mit unterschiedlichen Skalen oder mit Soll-Ist-Vergleichen dargestellt. Die nachfolgenden Abbildungen zeigen beispielhaft verschiedene Verfahren:

ABB. 13: Ermittlung der Kompetenzen durch Skalierung

Bewertung	1	2	3	4	5	6	7	8	9
Methodenkompetenz		x							
Sozialkompetenz					x				
Fachkompetenz								x	
Reflexionskompetenz			x						
Selbstkompetenz			x						

ABB. 14: Festlegung von kritischen Grenzen

Bewertung	1	2	3	4	5	6	7	8	9
Methodenkompetenz		x							
Sozialkompetenz					x				
Fachkompetenz								x	
Reflexionskompetenz			x						
Selbstkompetenz			x						

ABB. 15: Soll-Ist-Vergleich in einem Koordinatensystem

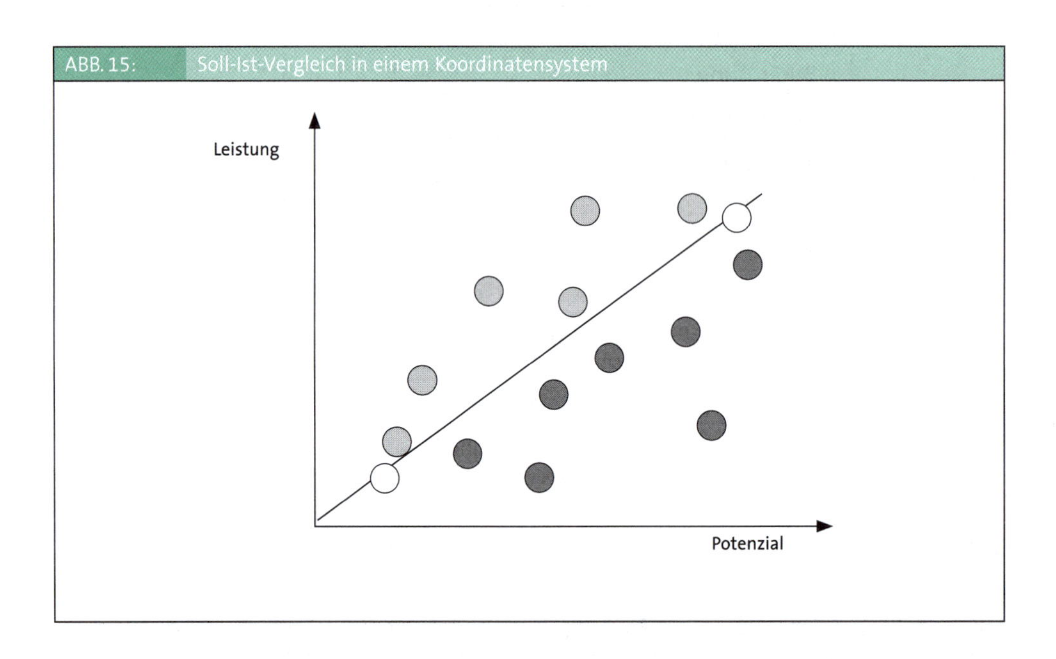

ABB. 16: Darstellung als Blockdiagramm

Bewertung	1	2	3	4	5	6	7	8	9
Methodenkompetenz									
Sozialkompetenz									
Fachkompetenz									
Reflexionskompetenz									
Selbstkompetenz									

ABB. 17: Darstellung mit einem Portfolio

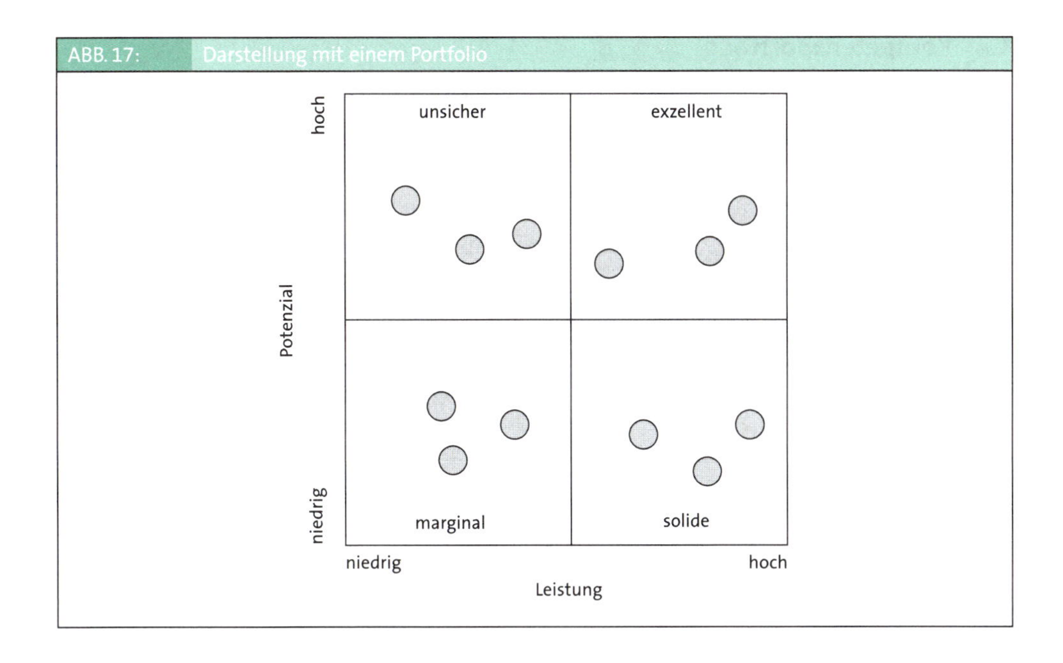

ABB. 18: Darstellung mit einem Spinnennetz

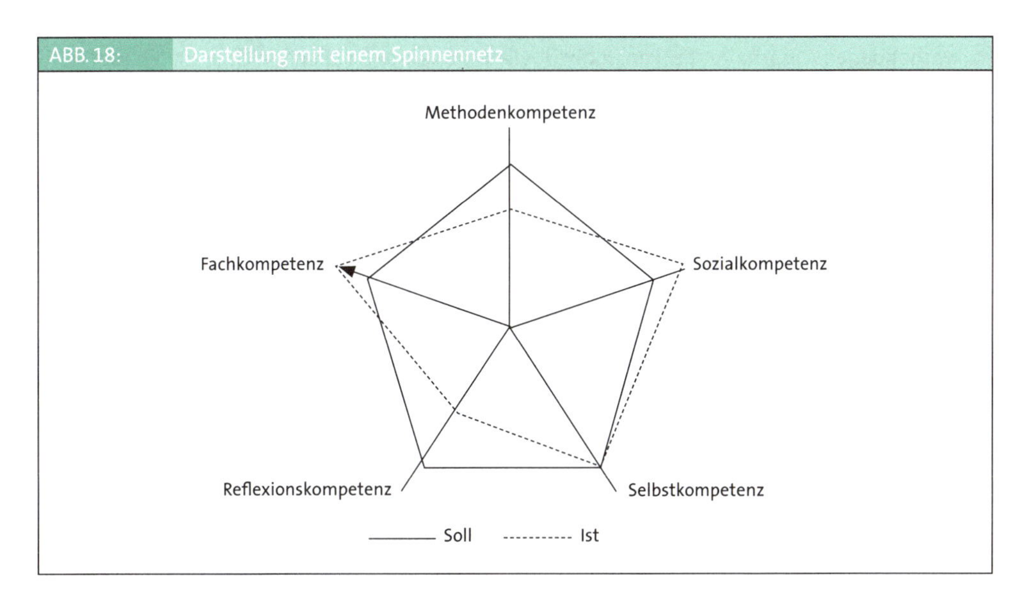

Tz. 229

Die Qualität einer Personalanalyse hängt davon ab, nach welchen Kriterien das Potenzial erfasst wird. Es gibt allerdings nur wenige Potenzialanalysen, die wissenschaftlich fundiert sind und zu brauchbaren Ergebnissen führen.

Kennziffer

Aussagen zum Potenzial der Mitarbeiter lassen sich auch mithilfe von **Produktivitätskennziffern** treffen. Der **Umsatz je Mitarbeiter** könnte einen sinnvollen Anhaltspunkt bieten:

$$\text{Umsatz je Mitarbeiter} = \frac{\text{Umsatz}}{\text{Anzahl der Mitarbeiter}}$$

Allerdings ist die Umsatzentwicklung nur zu einem Teil auf das Können und Wissen der Mitarbeiter zurückzuführen. Andere Einflüsse sind z. B. die Führungsstruktur, das Marketing und die Marktsituation.

1.4 Kompetenzportfolio

Tz. 230

berufsrelevante Kenntnisse

Ein Kompetenzprofil stellt umfassend die berufsrelevanten Kenntnisse und Fähigkeiten eines Mitarbeiters dar. Es enthält Informationen zu

- Aus- und Fortbildung,
- beruflichem Werdegang,
- bisherigen Aufgaben und
- sozialen Kompetenzen.

Durch eine geeignete Skalierung kann das Kompetenzprofil einen genaueren Einblick in das berufliche Können geben als andere klassische Unterlagen. Durch die Dokumentation können potenzielle Leistungsträger erkannt und Schulungsbedarfe identifiziert werden.

2. Personelle und betriebliche Maßnahmen

2.1 Arbeitsplatzbegleitende Maßnahmen

Tz. 231

wirtschaftliche und soziale Ziele

Die arbeitsplatzbezogene Personalentwicklung soll den Personalbedarf durch Qualifizierung der vorhandenen Mitarbeiter decken. Individuelle Maßnahmen sollen gleichzeitig die Motivation fördern und zur Erreichung der wirtschaftlichen und sozialen Ziele des Unternehmens beitragen.

Tz. 232

- **Training into the Job:** Hinführung zu einer neuen Tätigkeit, meistens durch Ausbildung, aber auch eine gezielte Einarbeitung und Trainee-Programme können diese Aufgabe erfüllen.

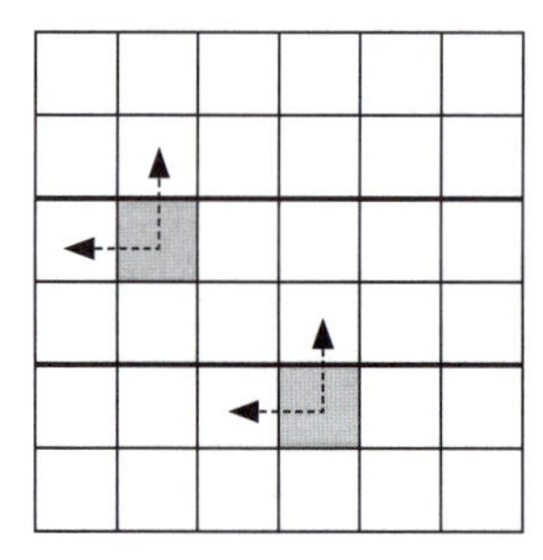

Tz. 233

- **Training on the Job:** Übernahme zusätzlicher qualifikationsfördernder Aufgaben. Das kann durch direkte Unterweisung am Arbeitsplatz geschehen, aber auch durch Formulierung entsprechender Aufgaben, Projektarbeit und Einsatz als Stellvertreter.

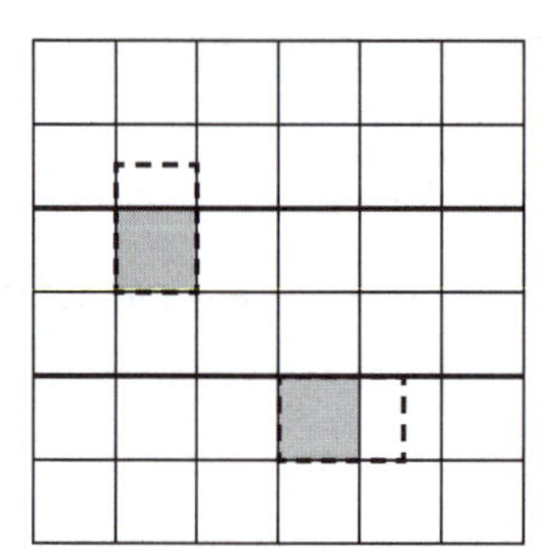

Tz. 234

► **Job sharing:** Teilung einer Vollzeitstelle, die von zwei oder mehreren Teilzeitarbeitskräften ausgefüllt wird. Die Teilzeitkräfte stimmen meistens ihre Arbeitszeit nach ihren eigenen Wünschen ab.

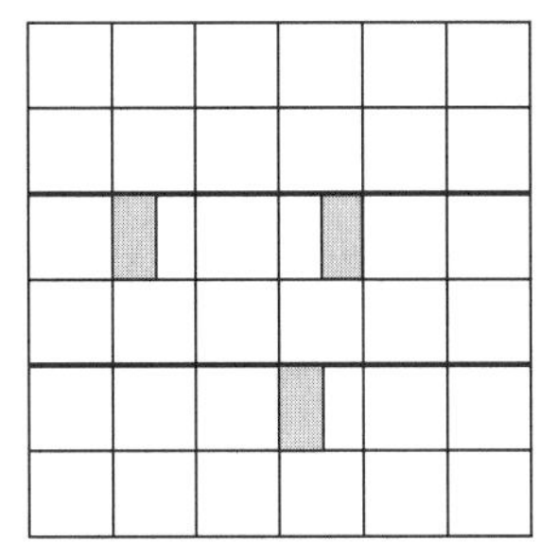

Tz. 235

► **Training off the Job:** Weiterbildung im engeren Sinne, also in einem bisher nicht bekannten Arbeitsbereich.

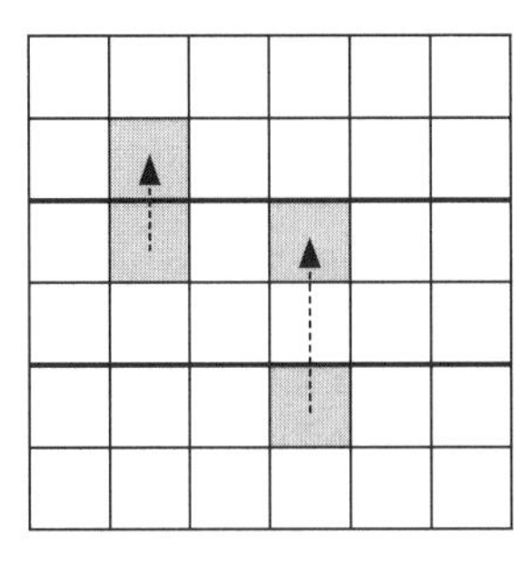

Tz. 236

► **Training out of the Job:** Vorbereitung auf den Ruhestand.

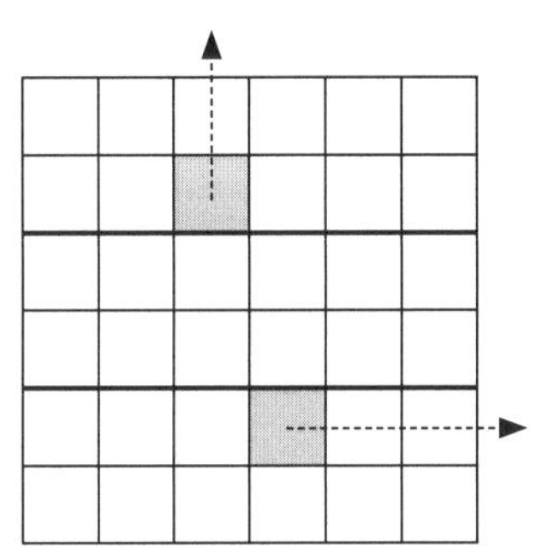

Diese fünf Maßnahmen werden auch als **„Personalförderung"** bezeichnet.

Die Unterschiede zwischen den verschiedenen arbeitsplatzbegleitenden Maßnahmen der Personalentwicklung sind regelmäßige Prüfungsthemen. Sie sollten deshalb unbedingt bekannt sein.

2.2 Interne und externe Weiterbildungsmaßnahmen

Tz. 237

Schulungsort

Zur Durchführung der Maßnahmen gibt es zahlreiche Angebote. Unter Kostengesichtspunkten wird zunächst entschieden, ob eine **interne** Schulung sinnvoll ist oder ob ein **externes** Angebot berücksichtigt werden soll. Interne Maßnahmen werden im Unternehmen selbst durchgeführt, externe Maßnahmen finden an einem Schulungsort außerhalb statt, oft mit Teilnehmern aus verschiedenen Unternehmen. Je nach Ziel der Maßnahme kann dann zwischen verschiedenen Angeboten gewählt werden.

Externe Weiterbildungsmaßnahmen	
Vorteile	**Nachteile**
Intensiver überbetrieblicher Erfahrungsaustausch möglich	Höhere Kosten durch Unterkunfts-, Verpflegungs- und Fahrtkosten
Ungestörte Lernatmosphäre	Teilnehmer sind auch in Notfällen nicht erreichbar
Höherer Freizeitwert	Zeitintensiv
Interne Weiterbildungsmaßnahmen	
Vorteile	**Nachteile**
Berücksichtigung spezieller betrieblicher Bedürfnisse möglich	Mögliche Störungen wegen Erreichbarkeit
Bei entsprechender Teilnehmerzahl geringere Kosten	Höherer Planungsaufwand
Zeiteffektiver	Räume und Ausstattung müssen zur Verfügung stehen
Förderung der innerbetrieblichen Kommunikation	Keinerlei Freizeitwert

2.3 Förderprogramme

2.3.1 Einzelmaßnahmen

Tz. 238

Ziele

Durch gezielte **individuelle Förderung** soll die Qualifizierung der vorhandenen Mitarbeiter erweitert werden, um die optimale Bewältigung der aktuellen und zukünftigen Aufgaben sicherstellen zu können. Individuelle Maßnahmen sollen gleichzeitig die Motivation fördern und zur Erreichung der wirtschaftlichen und sozialen Ziele beitragen.

Tz. 239

- **Training along the Job:** Dazu gehören Laufbahnpläne und Karrierepläne, i. d. R. verbunden mit systematischem Wechsel des Arbeitsplatzes.

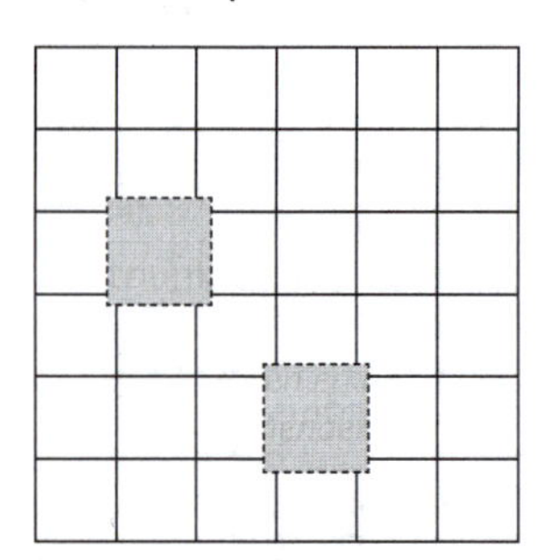

Tz. 240

- **Job rotation:** Systematischer Stellenwechsel, um Kenntnisse zu erweitern und zu vertiefen. Durch den Arbeitsplatz- und Aufgabenwechsel sollen Qualifikation, Persönlichkeit und Motivation gefördert werden.

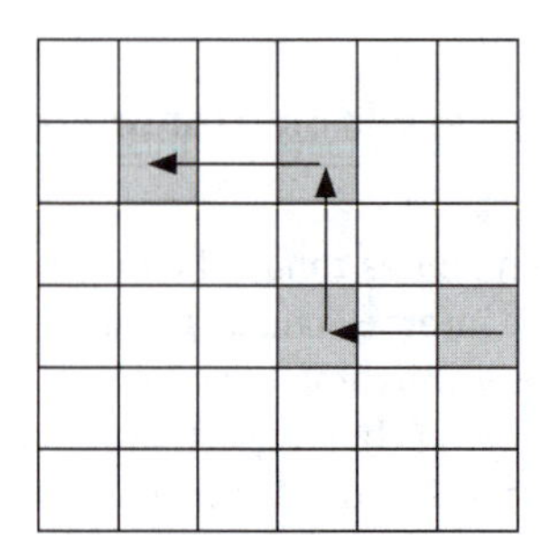

Tz. 241

- **Job enlargement:** Die Aufgaben der Mitarbeiter werden um zusätzliche gleichartige bzw. ähnliche Arbeitsbereiche erweitert. Dadurch wird der Monotonie am Arbeitsplatz entgegengewirkt und neue Qualifikationen können erworben werden.

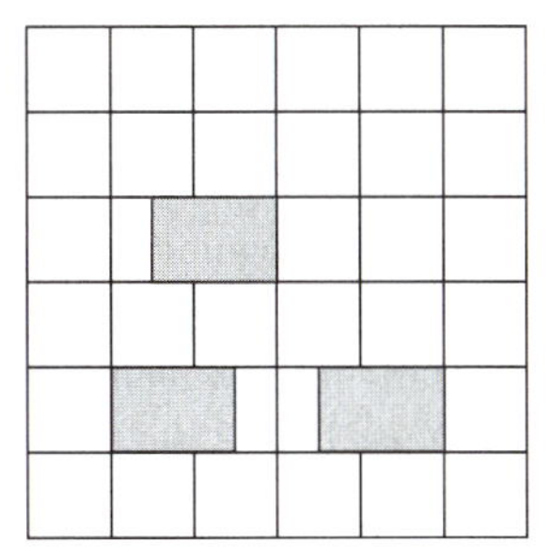

Tz. 242

- **Job enrichment:** Qualitative Erweiterung des Arbeitsbereichs durch Übertragung zusätzlicher vor- oder nachgelagerter Aufgaben.

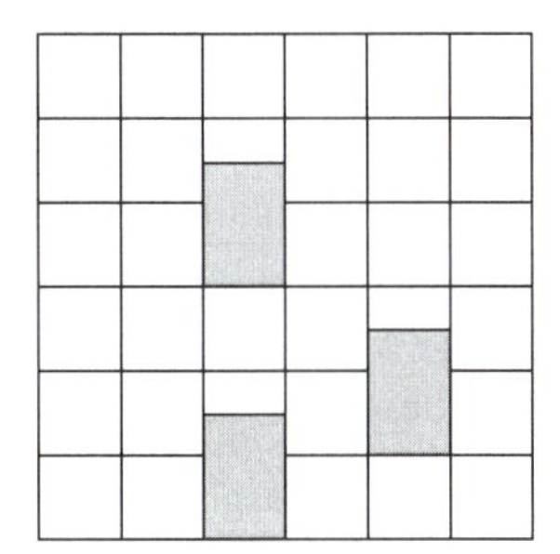

2.3.2 Umschulung

Tz. 243

neuer Beruf

Eine Umschulung setzt voraus, dass bereits eine Ausbildung abgeschlossen worden ist oder eine entsprechende Berufserfahrung vorliegt. Sie führt – meistens in verkürzter Zeit – zu einem Abschluss in einem neuen Beruf oder zu einer neuen Qualifikation, wenn der alte Beruf – aus welchen Gründen auch immer – nicht mehr ausgeübt werden kann. Nach dem Berufsbildungsgesetz gilt allerdings eine eingeschränkte Definition, nach der eine Umschulung in einen Ausbildungsberuf mit einer Prüfung vor der zuständigen Kammer abgeschlossen werden muss.

2.3.3 Multiple Führung

Tz. 244

parallele Problemlösung

Bei der multiplen Führung handelt es sich um eine Gruppenfortbildung, insbesondere für potenzielle Führungskräfte. Parallel zu den tatsächlichen Führungskräften wird eine Lösung für eine allgemeine oder funktionsspezifische Fragestellung erarbeitet. Die Teilnehmer lernen durch die eigene gedankliche Durchdringung des Problems und aus dem Vergleich mit der Entscheidung der tatsächlichen Führungskräfte.

3. Erfolgskontrolle und Anpassung

Tz. 245

Bildungscontrolling

Bildungscontrolling soll Nutzen von Trainings und anderen Weiterbildungsmaßnahmen mithilfe von messbaren Daten erfassen, um die Maßnahme bewerten zu können. Dies ist notwendig, um die Gelder in die „richtigen", also wirtschaftlichsten Weiterbildungsmaßnahmen fließen zu lassen. Bildungscontrolling ist demnach ökonomisch motiviert.

Dazu werden Informationen gesammelt, um Planungen zu unterstützen, Zielabweichungen zu analysieren und Vorschläge zu einer Verbesserung der Fort- und Weiterbildungsmaßnahmen zu erarbeiten. Zur Vermeidung von wirtschaftlichen Risiken ergibt sich die Notwendigkeit, eventuelle Schwachstellen so früh wie möglich zu erkennen und Gegenmaßnahmen einzuleiten.

Das Bildungscontrolling ist eng verknüpft mit den Führungsaufgaben Zielsetzung, Planung, Entscheidung und Kontrolle.

Bewertung des Nutzens

Die Beurteilung einer Maßnahme ist unter engen betriebswirtschaftlichen Aspekten nur möglich, wenn die erzielten Wirkungen in Beziehung gesetzt werden zu den entstandenen Kosten. Die Erfassung und Bewertung des Nutzens setzt also eine systematische Erfassung der Kosten voraus. Die Kostenerfassung dient darüber hinaus dazu, Transparenz der eingesetzten Mittel herzustellen.

Auf dieser Basis können folgende Fragen geklärt werden:

- Welche Mitarbeiter können zu welchen Kosten geschult werden?
- Welche Inhalte sollen vermittelt werden?
- Wer wird von den Ergebnissen profitieren?

3.1 Qualität von Bildungsmaßnahmen

Tz. 246

Qualitätsmanagement

Das Qualitätsmanagement überträgt die Verantwortung für die Qualität aller Leistungen sowohl den Führungskräften als auch allen Mitarbeitern. Im Bereich der Fort- und Weiterbildung ist die Qualität von Maßnahmen aber besonders schwer festzustellen, weil Qualität eine subjektive Größe ist.

Sie soll so gut wie nötig, aber nicht unbedingt so gut wie möglich sein. Eine Leistung wird auch dann als qualitativ hochwertig wahrgenommen, wenn sie zwar noch besser möglich wäre, aber das Preis-Leistungsverhältnis bzw. das Ergebnis im Verhältnis zu den eingesetzten Ressourcen zufriedenstellend ist.

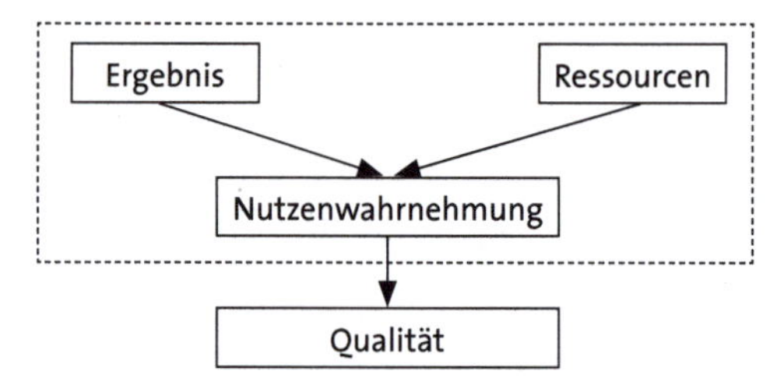

Qualität ist die Summe aller Merkmalsausprägungen einer Leistung bezüglich ihrer Eignung, festgelegte oder erwartete Anforderungen zu erfüllen.

Zweck der qualitativen Beurteilung von Bildungsmaßnahmen ist eine Effizienzerhöhung. Es geht dabei nicht um die Frage, ob überhaupt Fort- und Weiterbildung unterstützt werden sollen.

3.2 Bewertung durch Teilnehmer

Tz. 247

Die Bewertung der Bildungsmaßnahmen durch die Teilnehmer ist eine naheliegende, einfache und deshalb weit verbreitete Methode des Bildungscontrollings. Sie beruht auf der Annahme, dass die Teilnehmer in der Lage seien, ihren Lernerfolg zu quantifizieren und zusätzlich ihren subjektiven Eindruck zu der Veranstaltung nachvollziehbar zu formulieren.

Bei diesem Verfahren werden i. d. R. Interviews oder Fragebögen eingesetzt, die mehr oder weniger gelungen die Verfahren der empirischen Sozialforschung anwenden.

Die Teilnehmer haben meist eine genaue Vorstellung von ihrem Lernerfolg. Für den externen Beobachter ergibt sich aber die Frage, inwieweit die Angaben interpersonell vergleichbar sind und ob die Bewertungsangaben mit den Bewertungskriterien des Auftraggebers und des Bildungscontrollings korrespondieren.

subjektive Angaben

Die Teilnehmer haben die konkrete Lehrsituation subjektiv wahrgenommen und zusätzlich subjektiv verarbeitet. Aufgrund individueller Unterschiede wird die Beurteilung der Maßnahme vermischt mit der Einschätzung des Trainers sowie mit der Beurteilung seiner fachlichen und seiner kommunikativen Kompetenz. Wird ein Dozent als sympathisch, engagiert und zugewandt empfunden, wird die Einschätzung des Lernerfolgs deutlich besser ausfallen als in einer Lernsituation, in der ein Trainer emotional als „entfernt" erlebt wird.

Ein und dieselbe „objektive" Lehrsituation wird unterschiedlich wahrgenommen. Die Angaben der Teilnehmer müssen also durch andere Verfahren ergänzt und abgesichert werden.

3.3 Benchmarking

Tz. 248

Mit Benchmarking können Trainer und Moderatoren den Lernprozess und die Durchführung des Angebots analysierend vergleichen.

Benchmarking ist ein systematischer chronologischer oder Branchenvergleich von Produkten und Prozessen, um sich an „Best Practices" orientieren zu können.

Durch den Vergleich können Methoden und Verfahren identifiziert werden, die zu guten und besten Ergebnissen führen. Aufgrund der ermittelten Ergebnisse kann rechtzeitig die strategische Ausrichtung des eigenen Angebots angepasst und so ein Wettbewerbsvorteil erzielt werden.

Ermittlung eines Referenzwerts

Benchmarking ermittelt also einen Referenzwert für die Bestleistungen, der als Ziel- und Orientierungsgröße für die eigene Positionsbestimmung dient. Im Vergleich entsteht ein innovatives Potenzial zur Entwicklung eigener neuer, besserer Lösungen.

Tz. 249

Für Seminarleiter und Moderatoren bieten sich vier Verfahren an, um Verbesserungspotenziale aufzudecken:

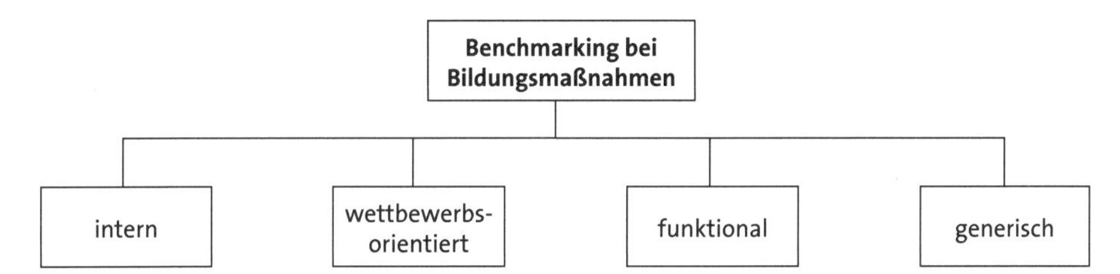

- Beim **internen** Benchmarking werden gleichartige Lehrgänge mit demselben Moderator verglichen.
- Beim **wettbewerbsorientierten** Benchmarking erfolgt ein Vergleich von Ergebnissen verschiedener Trainer und eventuell verschiedener Anbieter.
- Beim **funktionalen** Benchmarking wird versucht, Anregungen aus ganz anderen Bereichen zu bekommen, etwa aus der Personalführung oder der Organisationsentwicklung.
- Beim **generischen** Benchmarking handelt es sich um einen gattungsbezogenen Vergleich. In Bezug auf geeignete Benchmarking-Partner gibt es keine Branchen-, Funktions- oder Wettbewerbsgrenzen.

Die vier Verfahren sind unterschiedlich aufwendig und unterschiedlich aussagefähig. Die Wahl der Methode wird im Einzelfall abhängig sein von den konkreten Zielen des Benchmarkings. Die Beurteilung, warum ein Angebot als „besser" eingestuft wird als ein anderes, ist aber ausgesprochen schwierig, die Kommunikation in den analysierten sozialen Prozessen ist zu komplex. Eine reine Kopie des identifizierten „besten" Angebots muss in anderen Zusammenhängen nicht notwendig ebenfalls herausragend bewertet werden, dazu sind die Einflussfaktoren zu unterschiedlich und zu vielfältig.

3.4 Kontrollgruppen

Tz. 250

Vergleichsgruppen

Mithilfe dieser Methode soll ebenfalls der Trainingseffekt isoliert werden. Dabei werden zwei Gruppen miteinander verglichen: Die eine Gruppe wird geschult, die andere nicht. Dabei ist darauf zu achten, dass die Gruppen möglichst ähnlich zusammengesetzt sind und alle Einflüsse, die durch Erfahrung, Vorkenntnisse, Alter, Geschlecht, soziale Herkunft u. Ä. entstehen, möglichst gering gehalten werden. Wenn diese Bedingungen erfüllt sind, ergeben sich sehr genaue Daten. Kontrollgruppen stellen einen methodisch überzeugenden Weg dar zur Ermittlung von Lernergebnissen.

Dieses zunächst methodisch sauber scheinende Verfahren hat aber ebenfalls erhebliche Nachteile:

- Die Durchführung ist aufwendig. Es müssen doppelt so viele Personen einbezogen wie geschult werden. Vorbereitung und Auswertung erfordern viel Zeit und Expertenwissen.
- Es bleibt zweifelhaft, ob durch dieses Verfahren wirklich ermittelt werden kann, was ermittelt werden soll. Gerade beim Lernen sind Personen auch dann nicht vollständig vergleichbar, wenn die genannten Verzerrungsmöglichkeiten eliminiert werden können.

3.5 Hospitation

Tz. 251

Beobachter

Hospitation ist die persönliche Teilnahme an einer Lehrveranstaltung durch einen Beobachter, oft eine „Person des Vertrauens“, um ein möglichst ungefiltertes Feedback über die Veranstaltung und insbesondere über die Unterrichtsgestaltung zu erhalten. Auf diese Weise können die Selbsteinschätzung und die Bewertung durch die Teilnehmer um eine neutrale Fremdeinschätzung ergänzt werden.

Eine sinnvolle Hospitation, die auch eine Akzeptanz möglicher Kritik ermöglicht, setzt eine strukturierte Planung und Durchführung voraus:

- Die Hospitation muss vorher vereinbart sein. Spontane Besuche stören und führen zu Verunsicherung, eine Bewertung wird so durch externe Einflüsse erschwert.
- Zwischen dem Trainer und dem Hospitanten dürfen keine persönlichen Spannungen bestehen.
- Klare Vorgaben müssen dem Hospitanten ermöglichen, sich auf die wesentlichen Fragestellungen zu konzentrieren. Es ist eben etwas Anderes, ob der Schwierigkeitsgrad beurteilt werden soll oder die Beziehung zu den Teilnehmern.
- Jede Hospitation muss zeitnah nachgearbeitet werden. Der Trainer erwartet ein fundiertes Feedback, das umso schwerer bearbeitet werden kann, je länger die Veranstaltung zurück liegt. Der Beratungsaspekt soll dabei durchgängig im Vordergrund stehen.

Zielgerichtet und fachlich korrekt durchgeführt, bietet die Hospitation eine zwar subjektive, aber gegebenenfalls gerade deshalb überzeugende Reflexionsmöglichkeit. Wirtschaftliche Aspekte eines klassischen Controllinginstruments bleiben zwar unberücksichtigt, aber die Qualitätsverbesserung des Angebots dient letztlich auch der erfolgreichen Vermittlung.

3.6 Kennzahlen

Tz. 252

Mitarbeiterzufriedenheit und Motivation lassen sich nur schwer feststellen. Die Zahl der Verbesserungsvorschläge kann einen Hinweis geben, weil sich darin das Engagement der Mitarbeiter spiegelt. Daraus lässt sich die **Beteiligungsquote** ermitteln:

$$\text{Beteiligungsquote} = \frac{\text{Anzahl der Verbesserungsvorschläge}}{\text{Anzahl der Mitarbeiter}} \cdot 100$$

Beteiligungsquote

Ansonsten werden die Befragung der Mitarbeiter und die Auswertung weicher Informationen z. B. in Form von Indizes erforderlich.

Mit der **Fluktuationsrate** lässt sich die Bedeutung des Verlustes an Know-how messen:

$$\text{Fluktuationsrate} = \frac{\text{Anzahl der Personalabgänge}}{\text{Durchschnittlicher Personalbestand}} \cdot 100$$

Fluktuationsrate

1.) Wie unterscheiden sich Fortbildung und Weiterbildung?
Durch Fortbildung sollen vorhandene berufliche Kompetenzen entweder erhalten, angepasst oder erweitert werden. Weiterbildung bezieht sich auf zusätzliche Qualifikationen in einem neuen Handlungsfeld (Tz. 220).

2.) Welche Beispiele für Beurteilungsfehler können Sie nennen?
- *Halo-Effekt (Heiligenschein-Effekt),*
- *Recency-Effekt (Nikolaus-Effekt),*
- *Primacy-Effekt (First-Impression-Effekt),*
- *Kleber-Effekt,*
- *Hierarchie-Effekt,*
- *Tendenz zur Mitte,*
- *Nähe-Effekt (Tz. 224).*

3.) Welche Arten von Kompetenzen können mit einer Potenzialanalyse festgestellt werden?
Methodenkompetenz, Sozialkompetenz, Fachkompetenz, Reflexionskompetenz, Veränderungskompetenz (Tz. 227).

4.) In welchen Formen können bei Potenzialanalysen Soll-Ist-Abweichungen dargestellt werden?
Z. B. Skalierung, Koordinatensystem, Blockdiagramm, Spinnennetz (Tz. 228).

5.) Nennen Sie je drei Vor- und Nachteile einer internen Weiterbildungsmaßnahme.
Vorteile:
- *Die Veranstaltung kann an die speziellen betrieblichen Bedürfnisse angepasst werden.*
- *Kostengünstig bei hohen Teilnehmerzahlen.*
- *Zeitsparend, weil keine Reisezeit, Übernachtungszeit usw. notwendig sind.*

Nachteile:
- *Teilnehmer bleiben erreichbar, das führt zu Störungen.*
- *Eigener Planungsaufwand.*
- *Räume und Ausstattung müssen zur Verfügung stehen.*

(Tz. 237)

6.) Wodurch unterscheiden sich „Job enlargement“ und „Job enrichment“?
Beim Job enlargement werden die Aufgaben der Mitarbeiter um zusätzliche Arbeitsbereiche erweitert. Dadurch können neue Qualifikationen erworben werden (Tz. 241). Beim Job enrichment werden die Entscheidungskompetenzen erweitert. Damit kann die Übertragung zusätzlicher vor- oder nachgelagerter Aufgaben verbunden sein (Tz. 242).

7.) Worin liegt die Besonderheit einer Umschulung?
Eine Umschulung setzt voraus, dass bereits eine Ausbildung abgeschlossen worden ist. Nach dem BBiG muss nach der Umschulung in einen Ausbildungsberuf eine Prüfung vor der zuständigen Kammer abgelegt werden (Tz. 243).

8.) Welche Methoden zur Messung des Erfolgs von Fort- und Weiterbildungsmaßnahmen kennen Sie?
Hospitation, Kontrollgruppen, Vergleichsgruppen, Teilnehmerbewertung (Tz. 247 ff.)

9.) Welche Arten von Benchmarking sind bei Bildungsmaßnahmen sinnvoll?
Internes, wettbewerbsorientiertes, funktionales und generisches Benchmarking (Tz. 249).

VIII. Gestalten des Arbeits- und Gesundheitsschutzes

Tz. 253

Ziele

Die Gründe, Arbeits- und Gesundheitsschutz zu einem vorrangigen Ziel im Betrieb zu machen, sind vielfältig:

- Arbeitsunfälle und Erkrankungen erhöhen die Personalkosten.
- Arbeitsunfälle stören den Betriebsablauf.
- Bei Arbeitsausfall müssen Überstunden oder Vertretungen organisiert werden. Die Qualität der Arbeit kann dadurch gefährdet werden.
- Arbeitsschutz sichert einen Wettbewerbsvorteil durch ein besseres Image.
- Aus ethischen Gründen müssen selbstverständlich Leben und Gesundheit geschützt werden.

Tz. 254

Gesetze

Die grundlegenden Regelungen für den betrieblichen Arbeits- und Gesundheitsschutz enthält das Arbeitsschutzgesetz (ArbSchG), auf das weitere Gesetze und Verordnungen aufbauen, z. B.:

- Arbeitssicherheitsgesetz (ASiG),
- Bildschirmarbeitsverordnung (BildscharbV),
- Gefahrstoffverordnung (GefStoffV).

Das Arbeitsschutzgesetz folgt einem präventiven und ganzheitlichen Ansatz. Es soll nicht reagiert werden, sondern die Ursachen von Gefährdungen sollen beseitigt oder abgeschwächt werden. Eine kontinuierliche Verbesserung soll unter Mitwirkung der Beschäftigten erfolgen.

Tz. 255

Überwachung

In Deutschland wird der Arbeitsschutz in einem dualen System überwacht:

1. Durch die Aufsichtsbehörden, die im Bund und in den Bundesländern unterschiedlich organisiert sind, und
2. durch die Träger der gesetzlichen Unfallversicherung, das sind insbesondere die gewerblichen Berufsgenossenschaften und die Unfallkassen.

1. Arbeitsschutz im Betrieb

Tz. 256

Arbeitsschutz soll durch ein fachgerechtes Arbeitsschutzmanagement und die Sicherheitsorganisation im Betrieb gesunde und ergonomische Arbeitsplätze sichern.

Zur Umsetzung des Arbeitsschutzes bestehen weite Spielräume, im Gesetz werden nur Grundsätze genannt. Das betriebliche Arbeitsschutzmanagement bezieht sich auf

- die Sicherung eines gesunden Arbeitsplatzes,
- eine ergonomische Gestaltung des Arbeitsplatzes,
- die persönliche Schutzausrüstung und Schutzkleidung,
- sichere Arbeitsplatzeinrichtungen,
- die Sicherheitsorganisation im Betrieb.

Zuständigkeit

Jeder Vorgesetzte ist in seinem Zuständigkeitsbereich auch für den Arbeitsschutz verantwortlich.

1.1 Gefährdungsanalyse

Tz. 257

Um Schutzmaßnahmen ergreifen zu können, müssen Gefährdungsrisiken erkannt und besonders gefährdete Bereiche identifiziert werden.

Eine Gefährdungsanalyse umfasst die systematische Ermittlung und Bewertung von Gefährdungen, denen die Beschäftigten im Zuge ihrer beruflichen Tätigkeit ausgesetzt sind.

Risiken

Verantwortlich ist der Arbeitgeber. Zu berücksichtigen sind dabei gem. § 5 ArbSchG:

- Gestaltung und Einrichtung der Arbeitsstätte und des Arbeitsplatzes,
- physikalische, chemische und biologische Einwirkungen,
- Gestaltung, Auswahl und Einsatz von Arbeitsmitteln,
- Gestaltung von Arbeits- und Fertigungsverfahren, Arbeitsabläufen und Arbeitszeit,
- unzureichende Qualifikation und Unterweisung der Beschäftigten.

Sicherheitsvorschriften sind für die Arbeitnehmer zwingendes Recht des Arbeitsverhältnisses.

Das Arbeitssicherheitsgesetz schreibt vor, dass jeder Arbeitgeber – unabhängig von der Zahl der Arbeitnehmer – Fachkräfte für Arbeitssicherheit und einen Betriebsarzt zu bestellen oder zu verpflichten hat (§§ 2 und 5 ASiG).

1.2 Zuständigkeiten

1.2.1 Betriebsärzte

Tz. 258

arbeitsmedizinische Betreuung

Betriebsärzte übernehmen nach den DGUV-Vorschriften die arbeitsmedizinische Betreuung der Mitarbeiter. Sie führen die Vorsorgeuntersuchungen durch und beraten in allen Fragen des Gesundheitsschutzes. Mit den Aufgaben kann auch ein externer Arbeitsmedizinischer Dienst beauftragt werden. Vorschriften der Berufsgenossenschaften legen die Mindestzahl der Einsatzstunden fest.

1.2.2 Fachkraft für Arbeitssicherheit

Tz. 259

Schutzvorrichtungen

Sicherheitsfachkräfte unterstützen den Arbeitgeber bei der Durchführung der Arbeitsschutzmaßnahmen. Sie müssen über fundierte sicherheitstechnische Fachkenntnisse verfügen. Dazu können Fachkräfte für Arbeitssicherheit oder überbetriebliche sicherheitstechnische Dienste in Anspruch genommen werden. Vorschriften der Berufsgenossenschaften legen die notwendige Zahl der Einsatzstunden fest.

1.2.3 Sicherheitsbeauftragte

Tz. 260

Sicherheitsbeauftragte unterstützen und beraten ihren Vorgesetzten im Arbeits- und Gesundheitsschutz. Sie stellen sicher, dass Schutzvorrichtungen und -ausrüstungen vorhanden sind und machen ihre Kollegen auf gefährliches Verhalten aufmerksam. Sie haben aber keine Weisungsbefugnis und sind in ihrem Arbeitsbereich ehrenamtlich tätig. Bei mehr als 20 Beschäftigten muss mindestens ein Sicherheitsbeauftragter bestellt werden.

1.2.4 Arbeitsschutzausschuss

Tz. 261

Betriebe mit mehr als 20 Beschäftigten müssen einen Arbeitsschutzausschuss einrichten. Er berät mindestens viermal im Jahr über Probleme der Sicherheit und des Gesundheitsschutzes. Mitglieder sind

- der Arbeitgeber oder ein von ihm Beauftragter,
- zwei Betriebsratsmitglieder,
- die Betriebsärzte,
- die Fachkräfte für Arbeitssicherheit,
- die Sicherheitsbeauftragten.

1.3 Arbeitszeitregelungen

Tz. 262

Ziele

Durch Vorschriften im Arbeitszeitgesetz (ArbZG) sollen

- die Gesundheitsgefahren und Sicherheitsrisiken durch zu starke zeitliche Beanspruchung der Arbeitnehmer vermieden bzw. verringert werden;
- die Rahmenbedingungen für flexible Arbeitszeiten innerhalb des Unternehmens verbessert werden;
- der Sonntag und die staatlich anerkannten Feiertage als Tage der Arbeitsruhe geschützt werden.

Tz. 263

Regelungen

Die Arbeitszeitvorschriften regeln

- die höchstzulässige **tägliche Arbeitszeit**:

  Die werktägliche Arbeitszeit (vom Beginn bis zum Ende der Arbeit ohne Ruhepausen) darf grundsätzlich nicht länger als acht Stunden dauern. Sie kann auf bis zu zehn Stunden verlängert werden, wenn innerhalb von sechs Monaten durchschnittlich acht Stunden werktäglich nicht überschritten werden. Unter bestimmten Bedingungen kann aber die wöchentliche Arbeitszeit – für einen Zeitraum von sechs Monaten – auf 48 Stunden angehoben werden.

- die höchstzulässige **wöchentliche Arbeitszeit**:

  Der Samstag zählt als Werktag, die zulässige wöchentliche Arbeitszeit beträgt damit 48 Stunden.

- die **Arbeit an Sonn- und Feiertagen**:

  Grundsätzlich dürfen Arbeitnehmer an Sonn- und Feiertagen nicht beschäftigt werden. Ausnahmen bestehen z. B. für

  - Arbeiten im Schichtbetrieb,
  - Kraftfahrer,
  - lebenswichtige Tätigkeiten, z. B. von Ärzten, Polizeibeamten und Feuerwehrleuten.

  Regelungen, die von diesem Grundsatz abweichen, können einem Tarifvertrag, einer Betriebsvereinbarung oder durch die Genehmigung einer Aufsichtsbehörde festgelegt werden.

- die **Pausen**:

  Arbeitnehmern stehen regelmäßige Pausen zu. Sie dürfen nicht länger als sechs Stunden ununterbrochen beschäftigt werden. Die Pausen betragen bei einer Arbeitszeit von mehr als sechs Stunden 30 Minuten, bei einer Arbeitszeit von mehr als neun Stunden 45 Minuten. Die Pausen müssen im Voraus feststehen, jede muss mindestens 15 Minuten lang sein.

- die **Ruhezeiten**:

  Nach Beendigung ihrer Arbeit haben Arbeitnehmer ein Recht auf eine mindestens elfstündige ununterbrochene Ruhezeit. Davon gibt es allerdings branchenspezifische Ausnahmen, z. B. in der Krankenpflege, im Gaststättengewerbe und in der Landwirtschaft. Auch durch Tarifverträge oder Betriebsvereinbarungen können andere Regelungen vereinbart werden.

Diese Schutzbestimmungen sind zwingendes Recht, individuelle Vereinbarungen zum Nachteil der Arbeitnehmer sind nichtig. Im Rahmen der gesetzlichen Vorgaben können sie nur durch Tarifverträge oder durch Betriebsvereinbarungen zum Nachteil der Arbeitnehmer geändert werden.

Das Arbeitszeitgesetz enthält keine Bestimmungen zu Überstunden. Sie sind zulässig, solange die Grenzen des Arbeitszeitgesetzes nicht überschritten werden.

Verstöße gegen das Arbeitszeitgesetz sind eine bußgeldpflichtige Ordnungswidrigkeit oder eine Straftat, die mit bis zu einem Jahr Haft geahndet werden kann.

2. Gesundheitsschutz im Betrieb

Tz. 264

Prävention

Der betriebliche Gesundheitsschutz beschäftigt sich mit den langfristigen gesundheitlichen Folgen, die sich durch die Arbeit ergeben. Durch präventive Maßnahmen sollen Berufskrankheiten und andere Gesundheitsstörungen vermieden werden.

Dabei wird der klassische passive Gesundheitsschutz, der sich auf die Verringerung und Vermeidung von Risiken bezieht, zunehmend ergänzt durch eine aktive Gesundheitsvorsorge, die sich mit der Stärkung der individuellen Gesundheitskompetenz beschäftigt.

2.1 Verhältnis- und Verhaltensprävention

Tz. 265

Als **Verhältnisprävention** wird die gezielte Veränderung der technischen, organisatorischen und sozialen Arbeitsumgebung zur Sicherung der physischen und psychischen Gesundheit der Mitarbeiter bezeichnet.

Durch die vorbeugende gesundheitsgerechte Gestaltung der Arbeitsplätze, der Arbeitsstätte und der Arbeitsmittel können Gefahren für die Gesundheit verringert oder ganz beseitigt werden.

- Ergonomische Gestaltung der Arbeitsumgebung,
- ergonomische Gestaltung der Arbeitsmittel,
- Abbau belastender Arbeitsbedingungen,
- Verringerung von Stress am Arbeitsplatz,
- Verbesserung des Kooperationsklimas,
- größere Selbstständigkeit in den eingeräumten Handlungsspielräumen.

Tz. 266

Durch die **Verhaltensprävention** soll Einfluss auf das individuelle Gesundheitsverhalten der Mitarbeiter genommen werden.

Durch Information und Maßnahmen zur Stärkung der Persönlichkeit sollen die Mitarbeiter motiviert werden, Risiken zu vermeiden. Dazu gehören Anweisungen zum Verhalten am Arbeitsplatz ebenso wie allgemeine Vorschläge für eine gesunde Lebensweise.

- Rückenschule,
- Trainings für richtiges Sitzen,
- richtiges Verhalten im Straßenverkehr,
- Raucherentwöhnungsangebote,
- Anti-Stress-Programme.

2.2 Betriebliches Gesundheitsmanagement

Tz. 267

integriertes Vorgehen

Es ist Aufgabe des Gesundheitsmanagements, die Ansätze der Verhaltens- und Verhältnisprävention parallel zu verfolgen und die Balance zwischen den Arbeitsbedingungen und der individuellen Prävention sicherzustellen, um Arbeit, Organisation und Verhalten am Arbeitsplatz gesundheitsförderlich zu gestalten.

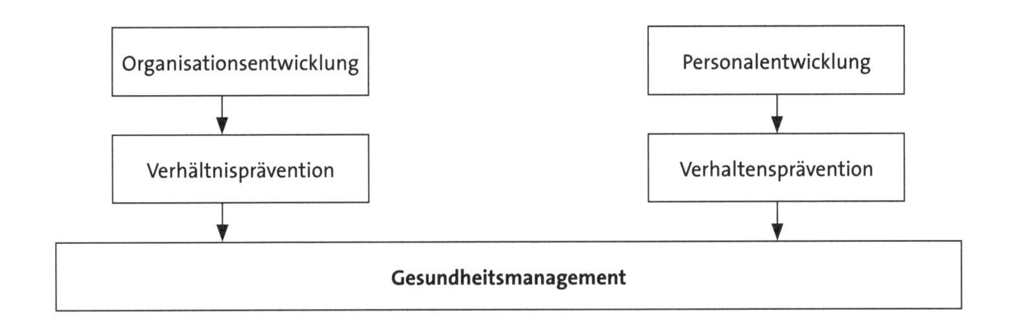

Durch ein integriertes Vorgehen können die Maßnahmen zur Verhaltens- und Verhältnisprävention sinnvoll und bedarfsgerecht abgestimmt werden.

Beispiele			
Bewegung		Ernährung	
Verhaltensprävention	Verhältnisprävention	Verhaltensprävention	Verhältnisprävention
- Rückenschule - Wirbelsäulengymnastik	- Ergonomische Bildschirmarbeitsplätze - Hilfsmittel zum Heben von Lasten	- Ernährungskurse - Kochkurse	- Gesundes Kantinenessen - Obst am Arbeitsplatz

Führungsstil

Ein erfolgreiches Gesundheitsmanagement setzt einen mitarbeiterorientierten Führungsstil voraus, der neben dem ganzheitlichen Arbeitsschutz auch die Gesundheitsförderung, Maßnahmen zur Vereinbarkeit von Beruf und Privatleben und eine altersgerechte Arbeitsgestaltung ermöglicht.

2.3 Zusammenarbeit mit Krankenkassen und Berufsgenossenschaften

Tz. 268

Der Gesetzgeber hat mit der Gesundheitsreform 2007 eine enge Abstimmung zwischen den Trägern der Unfall- und der Krankenversicherung festgelegt.

2.3.1 Krankenkassen

Tz. 269

Gesundheitsförderung

Krankenkassen unterstützen und begleiten Unternehmen bei der betrieblichen Gesundheitsförderung. Sie erbringen eigene Leistungen und arbeiten dabei mit dem zuständigen Unfallversicherungsträger zusammen (§ 20a SGB V). Sie bieten Unternehmen maßgeschneiderte Vorschläge zur Gesundheitsförderung im Betrieb. Außerdem können sie ergänzende Maßnahmen der betrieblichen Gesundheitsförderung durchführen.

- Unterstützung der Unternehmen durch Analysen und Empfehlungen,
- gemeinsame Programme zur integrierten Versorgung,
- Abstimmung von Reha- und Wiedereingliederungsplänen,
- Informationen über Best Practices,
- Durchführung von Erfolgskontrollen,
- Informationen zu Finanzierungsmöglichkeiten,
- Durchführung von innerbetrieblichem Marketing für das Gesundheitsmanagement.

2.3.2 Berufsgenossenschaften

Tz. 270

Die Berufsgenossenschaften sind damit beauftragt, mit allen geeigneten Mitteln Arbeitsunfälle und Berufskrankheiten sowie arbeitsbedingte Gesundheitsgefahren zu verhüten (§ 1 SGB VII). Sie unterstützen Unternehmen insbesondere in allen Fragen des betrieblichen Arbeitsschutzes. Die Prävention basiert auf der Gefährdungsbeurteilung und schließt sicherheitstechnische, arbeitsmedizinische und gesundheitsfördernde Maßnahmen ein.

Beratung

Die Berufsgenossenschaften beraten Arbeitgeber und Beschäftigte, wie branchenspezifische Risiken und arbeitsbedingte Gesundheitsgefahren vermieden bzw. verringert werden können (z. B. psychische bzw. physische Belastungen, Sucht, Gewalt am Arbeitsplatz). Die Maßnahmen werden von ihnen überwacht.

Sie werden dabei von den Krankenkassen unterstützt (§ 20b SGB V).

- Seminare und Fortbildungen für Beschäftigte,
- Ausbildung von Fachkräften für Sicherheit und Gesundheit,
- Entwicklung von Check- und Prüflisten,
- Betriebsärztliche Betreuung,
- Bereitstellung von Informationsmaterial, Handlungs- und Praxishilfen,
- Betreuung und Begleitung bei Maßnahmen der betrieblichen Gesundheitsförderung.

3. Unterweisungen und Dokumentation

Tz. 271

Der Arbeitgeber ist verpflichtet, im Interesse der Transparenz der betrieblichen Arbeitsschutzpolitik das Ergebnis der Gefährdungsbeurteilung gegenüber den Beschäftigten, den Arbeitsschutzbehörden und gegenüber Vertragspartnern schriftlich zu dokumentieren (§ 6 Abs. 1 ArbSchG). Insbesondere müssen das Ziel, der Zweck und der Stellenwert des Arbeitsschutzes dargestellt werden.

Wirksamkeit

Außerdem müssen die festgelegten Schutzmaßnahmen belegt werden. Aus der Dokumentation müssen die Ergebnisse der Überprüfung, d. h. die Wirksamkeit der Maßnahmen, ersichtlich sein. Zu beachten sind dabei spezielle Anforderungen anderer Arbeitsschutzvorschriften (z. B. die Gefahrstoffverordnung). Durch die Dokumentation

- wird der Nachweis der Pflichtenerfüllung gegenüber den Behörden und der Berufsgenossenschaft geführt;
- kann bei Unfällen nachgewiesen werden, dass Gefährdungsbeurteilungen durchgeführt und welche Schutzmaßnahmen getroffen worden sind;
- werden nicht nur die Maßnahmen, sondern auch Verantwortliche und Termine erkennbar;
- können die Beschäftigten auf bestehende Gefährdungen aufmerksam gemacht und gezielt unterwiesen werden;
- wird eine Grundlage geschaffen für die Arbeit der Betriebsärzte, der Fachkräfte für Arbeitssicherheit, der Sicherheitsbeauftragten und des Arbeitsschutzausschusses.

1.) Aus welchen Gründen ist Arbeitsschutz ein wichtiges Ziel in den Betrieben?

- *Arbeitsunfälle erhöhen die Personalkosten.*
- *Arbeitsunfälle stören den Betriebsablauf.*
- *Arbeitsschutz sichert einen Wettbewerbsvorteil durch ein besseres Image.*
- *Leben und Gesundheit müssen geschützt werden.*

(Tz. 253)

2.) Welches Gesetz enthält die grundlegenden Bestimmungen für den betrieblichen Arbeits- und Gesundheitsschutz?

Das Arbeitsschutzgesetz enthält die grundlegenden Regelungen, darauf bauen weitere Gesetze auf (Tz. 254).

3.) Wer überwacht in Deutschland den Arbeitsschutz?

In Deutschland wird der Arbeitsschutz in einem dualen System überwacht:

- *durch die Aufsichtsbehörden in Bund und Ländern,*
- *durch die Träger der gesetzlichen Unfallversicherung (Tz. 255).*

4.) Was versteht man unter einer Gefährdungsanalyse?

Mit einer Gefährdungsanalyse werden Gefährdungen der Beschäftigten systematisch ermittelt und bewertet. Verantwortlich ist der Arbeitgeber (Tz. 257).

5.) Wer ist in den Betrieben für die Arbeitssicherheit zuständig?

Zuständig ist der Arbeitgeber. Er wird unterstützt durch die Betriebsärzte, die Fachkräfte für Arbeitssicherheit und die Sicherheitsbeauftragten (Tz. 258 ff.).

6.) Was wird im Arbeitszeitgesetz geregelt?

- *Tägliche Arbeitszeit,*
- *wöchentliche Arbeitszeit,*
- *Arbeitszeit an Sonn- und Feiertagen,*
- *Pausenzeiten,*
- *Ruhezeiten (Tz. 262 f.).*

7.) Wodurch unterscheiden sich Verhältnis- und Verhaltensprävention?

Verhältnisprävention ist die gezielte Veränderung der technischen, organisatorischen und sozialen Arbeitsumgebung zur Sicherung der Gesundheit der Mitarbeiter (Tz. 265). Durch die Verhaltensprävention sollen die Mitarbeiter motiviert werden, Risiken zu vermeiden (Tz. 266).

8.) Welchen Zwecken dient die Dokumentation der betrieblichen Arbeitsschutzpolitik?

- *Nachweis gegenüber den Behörden und der Berufsgenossenschaft,*
- *Nachweis der Gefährdungsbeurteilung,*
- *Nachweis der getroffenen Schutzmaßnahmen,*
- *Benennung der Verantwortlichen,*
- *Dokumentation der Termine,*
- *Hinweis auf bestehende Gefährdungen,*
- *Arbeitsgrundlage für Betriebsärzte, die Fachkräfte für Arbeitssicherheit, die Sicherheitsbeauftragten und den Arbeitsschutzausschuss.*

(Tz. 271)

IX. Übungsaufgaben

Um einen Eindruck davon zu vermitteln, mit welchen Fragestellungen in der Prüfung gerechnet werden muss, werden Aufgaben zur eigenen Lernkontrolle angeboten. Sie orientieren sich an früheren Prüfungsaufgaben, sind aber nicht identisch, weil die Prüfung neu zusammengestellt wird.

Aufgabe 1

Bei der Adler AG soll die Stelle des Vertriebsleiters neu besetzt werden.

1. Welche Möglichkeiten bestehen, um die Stelle möglichst schnell adäquat zu besetzen?
2. Mit welchen Problemen bzw. Widerständen ist zu rechnen?

Aufgabe 2

Wenn Menschen zusammenarbeiten, sind Konflikte nahezu unvermeidlich. Sie belasten emotional und beeinträchtigen die Arbeitsleistung. Beschreiben Sie drei Maßnahmen, mit denen eine Eskalation von Konflikten vermieden werden kann.

Aufgabe 3

Bei der Bussard GmbH sollen organisatorische Veränderungen erfolgen. Vor allem von den beteiligten Abteilungsleitern werden Widerstände gegen die geplanten Maßnahmen erwartet. Sie werden beauftragt, die notwendigen Gespräche mit den Abteilungsleitern in Form einer Moderation zu führen.

1. Beschreiben Sie drei organisatorische Maßnahmen, die Sie im Vorfeld ergreifen.
2. In der Abteilungsleitersitzung stellen Sie fest, dass die Widerstände getragen werden durch:

   a) einen aggressiven Meinungsführer,

   b) einen schüchternen, aber fachlich kompetenten Abteilungsleiter,

   c) zwei notorische Verweigerer.

   Erläutern Sie Ihre Vorgehensweise als Moderator im Umgang mit diesen Teilnehmern, um mögliche Widerstände aufzulösen.

Die Aufgabe verlangt eine spezifische Anwendung allgemeiner Kenntnisse. Bei den wenig konkreten Fragestellungen sind ganz unterschiedliche Antworten möglich, bei 2. muss aber der Bezug zu den skizzierten Personen deutlich werden.

Aufgabe 4

Nennen Sie die Phasen, die einen Moderationszyklus bilden.

Bei der Aufgabenstellung „nennen" sind Erläuterungen/Erklärungen nicht erforderlich. Sie kosten nur Zeit und führen nicht zu zusätzlichen Punkten.

Aufgabe 5

Beschreiben Sie die vier Aspekte, die jeder Nachricht zugeordnet werden.

Aufgabe 6

Die Möwe GmbH produziert und vertreibt Sportkleidung in eigenen Geschäftsräumen. Dort sind jeweils ein Filialleiter und vier Verkäufer beschäftigt. In einer Schwachstellenanalyse wurde festgestellt, dass ein wesentlicher Grund für einen massiven Umsatzrückgang die fehlende emotionale Bindung wichtiger Entscheidungsträger ist.

1. Beschreiben Sie für die zwei Gruppen Geschäftsstellenleiter und Verkäufer je zwei mögliche Ursachen für die fehlende emotionale Bindung an das Unternehmen.
2. Beschreiben Sie für diesen Fall drei Maßnahmen zur Mitarbeitermotivation.

Aufgabe 7

Im Gasthaus „Zum grünen Baum“ unterhalten sich Unternehmer am Stammtisch über Management by Objectives. Sie kommen hinzu und werden gebeten, die eventuelle Einführung zu beurteilen.

1. Was raten Sie
   a) dem Inhaber einer Versicherungsagentur mit einer Sekretärin und einer Auszubildenden?
   b) dem Geschäftsführer eines Gerüstbauunternehmens mit 5 Kolonnen zu je 4 Mann?
   c) dem Leiter eines Möbelkaufhauses mit 15 Verkäufern und einem Umsatz von 4 Mio. €?
   d) dem Betreiber einer Tennishalle mit angeschlossener Gaststätte?
2. Erläutern Sie die Anforderungen, die an eine Zielvereinbarung gestellt werden müssen.

Aufgabe 8

Bei der Stieglitz AG soll der Personalentwicklung zukünftig ein höherer Stellenwert eingeräumt werden.

1. Stellen Sie drei strategische Ziele der Personalentwicklung dar.
2. Beschreiben Sie vier operative Maßnahmen, die ergriffen werden können, um die angestrebten Ziele zu erreichen.

Aufgabe 9

Frau Schwalbe leitet einen Pizza-Service. Sie sucht nach Möglichkeiten, ihre Mitarbeiter zu sensibilisieren, die Kosten zu senken. Auf einem Seminar hat sie die Führungstechnik Management by Objectives kennengelernt.

1. Beschreiben Sie je zwei Vor- und zwei Nachteile des Management by Objectives.
2. Formulieren Sie eine Zielvereinbarung für einen Pizzabäcker zu jedem Kriterium der SMART-Formel.

Lösung zu Ausgabe 1

1.

Die Stelle kann intern oder extern besetzt werden.

Die Frage „Welche Möglichkeiten bestehen ...?“ macht erforderlich, auf die verschiedenen Beschaffungswege einzugehen.

- Bei einer internen Stellenbesetzung kommt der neue Vertriebsleiter aus dem eigenen Unternehmen. Mögliche Wege sind:
  - Bekanntmachung durch Aushang,
  - Bekanntmachung in Werkszeitschrift,
  - Empfehlungen.
- Bei einer externen Stellenbesetzung kommt der neue Vertriebsleiter von außerhalb neu in das Unternehmen. Beschaffungsmöglichkeiten sind:
  - Personalleasing (Interimsmanagement),
  - Kontakte zu Universitäten oder Verbänden,
  - Direktansprache/Abwerbung,
  - Personalberatung/Headhunter.

Weil hier die Stelle eines Vertriebsleiters besetzt werden soll, sind Antworten wie „Arbeitsagentur“ oder „Zeitungsanzeige“ nicht sinnvoll. Die Antworten müssen immer auf die Fragestellung Bezug nehmen. In diesem Fall wären Direktansprache und Personalberatung adäquat.

2.

- Bei interner Stellenbesetzung können folgende Nachteile auftreten:
  - Wenig Auswahlmöglichkeit,
  - Gefahr der Betriebsblindheit,
  - geringe Akzeptanz,
  - bisherige Stelle wird frei und muss neu besetzt werden.
- Bei externer Stellenbesetzung können z. B. folgende Nachteile auftreten:
  - Für die externe Besetzung wird mehr Zeit benötigt als bei interner Stellenbesetzung.
  - Eine Einarbeitungszeit muss vorgesehen werden.
  - Die Akzeptanz ist nicht gesichert, z. B. vom bisherigen Stellvertreter.
  - Strukturen und Gewohnheiten im Unternehmen sind unbekannt.
  - Das Gehaltsgefüge kann verändert werden.

Bei der Aufgabenstellung 2 wird ausdrücklich nur nach Nachteilen gefragt. Für die Darstellung der Vorteile wird es deshalb keine Punkte geben.

Lösung zu Aufgabe 2

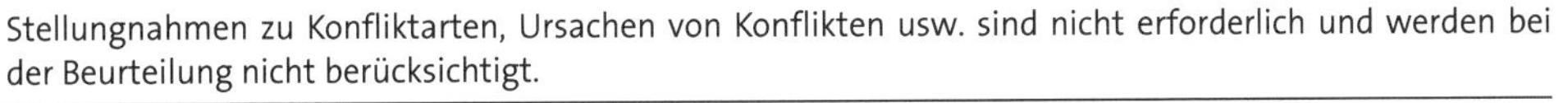

Laut Aufgabe soll die „Eskalation von Konflikten“ vermieden werden. Ein Konflikt besteht also schon und es geht um Maßnahmen zur Lösung oder Begrenzung.

Stellungnahmen zu Konfliktarten, Ursachen von Konflikten usw. sind nicht erforderlich und werden bei der Beurteilung nicht berücksichtigt.

Mögliche Maßnahmen zur Vermeidung einer Eskalation von Konflikten:

- Konflikte müssen angesprochen und Lösungen müssen angeboten werden. Sie dürfen sich nicht zu einem dauernden unterschwelligen Ärgernis entwickeln.
- Eine Konfliktlösung kann nicht „von oben“ verordnet werden. Sie kann dann nicht überzeugen und wird deshalb unterlaufen. Eine Lösung müssen die Konfliktbeteiligten erarbeiten.
- Alle Betroffenen müssen zu einer Lösung beitragen, niemand darf ausgeschlossen werden.

- Alle Informationen, Bedenken, Argumente usw. müssen allen Beteiligten bekannt sein. Nur dann können sie in den Lösungsprozess einbezogen werden.
- Unterstützung von außen (z. B. durch einen Moderator) kann den Prozess erleichtern.
- Das gemeinsame Ziel muss deutlich formuliert sein, damit keine Scheinlösungen erarbeitet werden.

Lösung zu Aufgabe 3

1.

- Informationen über die Abteilungsleiter einholen,
- alle rechtzeitig über das Treffen informieren,
- erforderliche Unterlagen beschaffen und bereitstellen,
- angenehme Gesprächsatmosphäre schaffen,
- usw.

2.

a) Aggressiver Meinungsführer:
   - Bremsen; auf der einen Seite am Ehrgeiz packen, auf der anderen Seite Defensivtaktiken anwenden,
   - Einhaltung von klaren Regeln einfordern,
   - Einwände von ihm selbst beantworten lassen.

b) Schüchterner, aber fachlich kompetenter Abteilungsleiter:
   - Mit konkreten und einfachen Fragen aktivieren,
   - vorbereitete Statements vortragen lassen,
   - konstruktive Rollen übertragen, z. B. Co-Moderator.

c) Notorische Verweigerer:
   - Nach Motiven ihrer Weigerung fragen,
   - aktivieren,
   - Einwände zurückgeben,
   - nach persönlichen Erfahrungen fragen,
   - Einwände begründen lassen,
   - Einbinden in Lösungen.

Lösung zu Aufgabe 4

- Einstieg,
- sammeln,
- auswählen,
- bearbeiten,
- planen,
- Abschluss.

Lösung zu Aufgabe 5

Aspekte	Beschreibung	Beispiel
Sachseite	Daten und Fakten werden übermittelt	Was ist wahr, was unwahr? Was ist wichtig, Was unwichtig?
Selbstkundgabe-seite	Die Nachricht enthält Hinweise auf die Persönlichkeit	Wie ist die Stimmung? Was geht in dem Sender vor?
Beziehungsseite	Hinweis auf die Beziehung	Wie fühle ich mich behandelt? Was hält der Sender von mir?
Appellseite	Erwünschte Wirkung steht im Vordergrund.	Was soll ich machen? Was soll ich denken?

Durch die Beantwortung mit einer Tabelle kann die Vollständigkeit einfach gesichert werden. Die Spalte „Beispiele" wäre hier nicht unbedingt erforderlich, die (kurze und deshalb schwierige) Beschreibung wird aber verdeutlicht.

Lösung zu Aufgabe 6

1.

- Die Filialleiter wurden beim Aufbau der Unternehmenskultur nicht beteiligt.
- Die Kommunikation zwischen Zentrale/Geschäftsführung und den Filialleitern ist gestört.
- Die Filialleiter können die Verkäufer nicht ausreichend anleiten/motivieren.
- Für die Verkäufer wurden keine Identifikationsmöglichkeiten geschaffen.
- Vertrauensbildende Maßnahmen zwischen Geschäftsleitung und Verkäufern wurden vernachlässigt.
- Der Einkauf in den Filialen wird nicht als Erlebnis vermarktet.

Die Aufgabe verlangt eine phantasievolle Anwendung der Erkenntnisse aus den Lernbereichen „Motivation", „Unternehmenskultur", Mitarbeiterführung". Andere (sinnvolle) Lösungen sind möglich.

2.

- Besuch der Mitarbeiter auf Fachmessen,
- Beteiligung an der Zusammenstellung des Sortiments,
- günstige Konditionen für die Mitarbeiter beim Kauf der Sportkleidung,
- Einführung einer Umsatzbeteiligung,
- Vergünstigungen wie Parkplätze, Fahrtkostenübernahme.

Andere (sinnvolle) Lösungen sind möglich.

Lösung zu Aufgabe 7

Management by Objectives hat drei wesentliche Voraussetzungen:

- Zwischen Vorgesetztem und Mitarbeiter(n) müssen Ziele vereinbart werden.
- Diese Ziele müssen operationalisierbar sein, z. B. in konkreten nachprüfbaren Mengeneinheiten auszudrücken sein.
- Den Mitarbeitern müssen die Kompetenzen zugeordnet sein, die zur Zielerreichung notwendig sind.

1.

a) Bei einer Versicherungsagentur ließe sich ein operationalisiertes Ziel definieren („Abschluss von 6 Verträgen pro Woche"), zweifelhaft ist jedoch, ob mit den beiden genannten Mitarbeiterinnen ein Ziel vereinbart werden könnte und ob sie über die notwendigen Kompetenzen verfügen. Abraten.

b) Im Gerüstbauunternehmen kann der Geschäftsführer mit den Kolonnenführern Ziele vereinbaren. Diese Ziele sind auch operationalisierbar („Bau von 250 m^2 Gerüst pro Tag") und dem Kolonnenführer können die erforderlichen Kompetenzen (Weisungsbefugnis, Disposition der Gerüste) eingeräumt werden. Zuraten.

c) Der Leiter des Möbelkaufhauses kann mit den Verkäufern (andere Mitarbeiter sind in der Aufgabe nicht angesprochen!) konkrete Ziele vereinbaren („Pro Woche einen persönlichen Umsatz von 5000 €", „15 Küchen pro Monat"). Sie können je nach Abteilung unterschiedlich sein. Die Verkaufskompetenz liegt selbstverständlich vor. Zuraten.

d) Tennisspieler mieten einen Platz für eine Stunde oder eine Saison. Ihre Nachfrage ist durch Management by Objectives nicht zu beeinflussen, deshalb machen Zielvereinbarungen keinen Sinn. Abraten.

2. Die Zielvereinbarung muss dem SMART-Prinzip genügen:

S Ziele müssen präzise formuliert sein (spezifisch).

M Ziele müssen überprüfbar sein (messbar).

A Ziele müssen herausfordernd und akzeptabel sein (angemessen).

R Ziele müssen erreichbar sein (realistisch).

T Ziele müssen bis zu einem bestimmten Zeitpunkt erreichbar sein (terminiert).

Lösung zu Aufgabe 8

1.

- In den nächsten vier Jahren sollen die Qualifikations- und Kompetenzbereiche der Mitarbeiter unter Berücksichtigung der Unternehmensziele und der Mitarbeiterinteressen weiterentwickelt werden.
- Durch Aus- und Fortbildung soll in den nächsten vier Jahren ein hohes Qualifizierungsniveau sichergestellt werden.
- Die Fluktuation soll in den nächsten vier Jahren durch Personalentwicklungsmaßnahmen deutlich verringert werden.
- Durch gezielte Nachfolge- und Laufbahnplanung sollen spätestens nach drei Jahren Schlüsselpositionen intern besetzt werden können.

Es wird nach strategischen Zielen gefragt, darauf weisen in den Antworten die Zeitangaben hin.

2.

- Feststellung der Interessen der Mitarbeiter und des Qualifizierungsbedarfs durch Mitarbeitergespräche;
- Stellenbeschreibungen werden an veränderte Situationen angepasst, dann kann eine konsequente Bildungsbedarfsplanung stattfinden;
- Konsequenter Einsatz von Maßnahmen zur Personalbindung;
- Breites Angebot an Fort- und Weiterbildungsmaßnahmen.

Bei der allgemeinen Fragestellung sind viele unterschiedliche Antworten möglich. Der Bezug zu den Zielen unter 1. muss aber erkennbar sein.

Lösung zu Aufgabe 9

1.

Vorteile	Nachteile
Motivation der Mitarbeiter durch Beteiligung an der Zielformulierung	Höherer Leistungsdruck bei den Mitarbeitern
Erfahrungen und Kenntnisse der Mitarbeiter werden bestmöglich genutzt	Demotivation, wenn die Ziele unrealistisch sind
Selbstständige Arbeit der Mitarbeiter	Prozess der Zielvereinbarungen erfordert Zeitaufwand
Entlastung der Führungskräfte	Höherer Aufwand durch Kontrollen der Zielerreichung
Verstärkte Bindung an das Unternehmen	

Die Beantwortung mit einer Tabelle ist i. d. R. übersichtlicher als eine Auflistung.

2.

S	spezifisch	Die Kosten für den Wareneinsatz sollen gesenkt werden.
M	messbar	Reduzierung der Küchenabfälle von 20 % auf 15 %.
A	akzeptiert	Der sorgfältige Umgang mit Lebensmitteln ist ein Anliegen der Pizzabäcker.
R	realistisch	Bei dem hohen Anteil von Abfällen kann ein Viertel vermieden werden.
T	terminiert	Innerhalb von 2 Monaten.

STICHWORTVERZEICHNIS

Die angegebenen Zahlen verweisen auf die Textziffern (Tz.).

360-Grad-Beurteilung 225

A

Abschlussprüfung 216 ff.
Anerkennungsgespräch 169
Anforderungsprofil 97, 100, 226
Anschlussmotivation 180
Appell 6
Arbeitnehmerüberlassung 105
Arbeitsklima 88
Arbeitsschutz 256 ff.
Arbeitsschutzausschuss 261
Arbeitsschutzgesetz 125, 254
Arbeitsvermittlung 105
Arbeitsvertrag 118 f.
Arbeitszeit 262 f.
Arbeitszeitgesetz 129
Assessment-Center 115
Aufbauorganisation 7
Aufgabenorientierung 138
Ausbildender 196
Ausbilder 197
Ausbildereignungsverordnung 193
Ausbildung 204 ff.
Ausbildungsbeauftragter 198
Ausbildungsbetrieb 199
Ausbildungsnachweis 215
Ausbildungsordnung 192
Ausbildungsplan 201 ff.
Austausch, interkultureller 26 f.

B

Beamer 73
Bedürfnistheorien 178 ff.
Benchmarking 248
Berichtsheft 215
Berichtssystem 134
Berufsausbildung 190 ff.
Berufsausbildungsvertrag 196, 201
Berufsbildungsgesetz 191
Berufsgenossenschaften 270
Berufsschule 190
Beschwerdemanagement 22
Betriebsärzte 258
Betriebsverfassungsgesetz 136, 194
Beurteilung 13, 223 ff.
Beurteilungsfehler 224
Bewerbergespräch 108
Bewerbungsunterlagen 107
Beziehungshinweis 6
Bundesurlaubsgesetz 130
Bürgerliches Gesetzbuch (BGB) 194

C

Coaching 13, 148, 188
Commitment 182

D

Datenschutz 135
Duales System 190, 255

E

Einstellungstest 113
Entwicklungsgespräch 170
Ersatzbedarf 93
Erscheinungsbild 68
Erwartungstheorie 181
Erweiterungsbedarf 93

F

Fachkompetenz 94, 227
Fachkraft für Arbeitssicherheit 259
Fachkräftesicherung 89
Feedback 12
Feedbackgespräch 172
Flipchart 71
Fluktuation 88
Folien
– Farben 81
– Gestaltung 79
– Gliederung 71, 78, 81
– Inhalt 80
– roter Faden 78
– Symbole 82
Fortbildung 220
Fragebogen 114, 187
Freistellung 218
Führung, multiple 244
Führungsstil 140
– eindimensional 141 ff.
– mehrdimensional 144 ff.

G

Gefährdungsanalyse 257
Gefährdungsbeurteilung 270 f.
Gehaltsgespräch 173
Gesundheitsschutz 129, 264 ff.

Gleichgestelltenbeurteilung 225
Gleichheitstheorie 184
Gruppen 12, 16, 31, 41, 45, 74, 115 f., 149 ff., 213, 250
– formell 149
– informell 149
Gruppendynamik 154
Gruppenleistungen 155
Gruppenorientierung 34
Gruppenstruktur 153

H

Halo-Effekt 224
Handwerksordnung 190
Herzberg 179
Hierarchie-Effekt 224
Hospitation 251
Hygienefaktoren 179

I

Interview 186
Investors Relations 20

J

Job enlargement 241
Job enrichment 242
Job rotation 240
Job sharing 234
Jugendarbeitsschutzgesetz 126, 194

K

Kleber-Effekt 224
Kommunikation 4 ff.
– asynchron 15
– erfolgsorientiert 4
– extern 24
– horizontal 8
– interkulturell 25 ff.
– vertikal 8
Kommunikationsverhalten 14
Kommunikationswege 7
Kompetenzprofil 230
Konflikt 38
– interpersonell 41
– intrapersonell 40
– organisatorisch 42
– Vermeidung 51 f.
Konfliktarten 39 ff.
Konfliktbewältigung 53 ff.
Konfliktgespräch 174
Kontrollgruppen 250
Kooperationen 200
Kooperationsbereitschaft 54
Körpersprache 69
Krankenkassen 269
Kritikgespräch 171
kulturelle Dimensionen 32 ff.
Kulturkreise 25 f., 28, 31

L

Laufbahnplanung 101
Leistungsmotivation 180
Leitbild 24
Lieferantenmanagement 23

M

Machtdistanz 33
Machtmotivation 180
Managerial Grid 144
Maskulinität 35
Maslow 178
McCelland 180
Mediation 56
Mediator 56
Medien 70 ff.
Mehrbedarf 93
Mehrfachbeurteilung 225
Methodenkompetenz 227
Minderbedarf 93
Mitarbeitergespräch 165 ff.
Mitarbeiterorientierung 138
Mitarbeiterumfrage 185 ff.
Mitarbeiterzufriedenheit 252
Moderation 16
Moderationszyklus 17
Motivation 9, 24, 177
– extrinsisch 11
– intrinsisch 10
Motivationsförderung 177 ff.
Motivatoren 179
Mutterschutzgesetz 127, 194

N

Nachfolgeplanung 102
Nachholbedarf 93
Nähe-Effekt 224
Neubedarf 93
Nikolaus-Effekt 224
Normenstrategie 52

O

Offenbarungspflicht 111
Open-Door-Prinzip 13
Overheadprojektor 72

P

Pausen 263
Personalauswahl 83 ff., 106 ff.
Personalbedarf 90 ff., 220
Personalbedarfsanalyse 92

Personalberatung 105
Personalbestandsanalyse 91
Personaleinsatzplanung 121 ff.
Personalentwicklung 104, 221 ff., 231
Personalförderung 148, 232 ff.
Personalführung 87, 137
Personalinformationssysteme 133
Personalmanagement 83 ff., 220
Personalmarketing 86
Personalplanung 96, 120
– qualitativ 94
– quantitativ 92 f.
Personalverwaltung 132, 135
Pinnwand 74
Präsentation 5, 61 ff.
Primacy-Effekt 224
Produktivitätskennziffern 229

Q

Qualifikationsgespräch 175
Qualifikationsprofil 100

R

Rahmenbedingungen, situative 146
Reaktionstheorie 183
Recency-Effekt 224
Reifegrad 145
Reklamationsmanagement 21
Reservebedarf 93
Rollenkonflikt 46
Ruhezeiten 263

S

Sachebene 6
Schichtpläne 122
Schwerbehindertengesetz 128
Selbstkundgabe 6
Sicherheitsbeauftragte 260
Sicherheitsfachkräfte 259
Sozialkompetenz 94, 227
Stakeholder 24
Status 153
Statusorientierung 34
Stelle, zuständige 191, 195 ff., 215 f.
Stellenbeschreibung 97
Stellenbesetzungsplan 99
Stellengesuche 105
Stellenplan 98
Stereotype 26
Strategie
– organisatorisch 52
– persuativ 52
Stress 57
Stressursachen 59
Stressvermeidung 60

T

Tageslichtprojektor 72
Tarifvertrag 131, 263
Territorialkonflikt 49
Training along the Job 239
Training into the Job 232
Training off the Job 235
Training on the Job 233
Training out of the Job 236
Trainingseffekt 250

U

Überstunden 263
Umschulung 243
Unternehmenspolitik 24, 85

V

Verhaltensprävention 266
Verhältnisprävention 265
Verteilungskonflikt 44
Vertretungspläne 123
Vier-Stufen-Methode 206
Visualisierung 76 ff.
Vorgesetztenbeurteilung 225
Vorschriften, tarifrechtliche 131

W

Wahrnehmungskonflikt 47
Wahrnehmungsmuster 30
Weiterbildung 189, 220

Z

Zeugnis 219
Zielgruppe 62
Zielkonflikt 45
Zielsetzungstheorie 182
Zielvereinbarungsgespräch 176
Zusatzbedarf 93